COMO EXPANDIR O SEU NEGÓCIO

Donald Miller

COMO EXPANDIR O SEU NEGÓCIO

Um plano para ajudar sua pequena empresa a decolar

EDITORA HÁBITO
Avenida Recife, 841 — Jardim Santo Afonso — Guarulhos — SP
CEP 07215-030 — Tel.: 0 xx 11 2397-1019
contato@editorahabito.com.br — www.editorahabito.com.br
/editorahabito @editorahabito

COMO EXPANDIR O SEU NEGÓCIO

Originalmente publicado em inglês sob o título:
How to Grow Your Small Business: A 6-Step Plan to Help Your Business Take Off

Todas as citações foram adaptadas segundo o Acordo Ortográfico da
Língua Portuguesa, assinado em 1990, em vigor desde janeiro de 2009.

As opiniões expressas nesta obra refletem o ponto de vista de seus autores
e não são necessariamente equivalentes às da Editora Hábito ou de sua equipe editorial.

Os nomes das pessoas citadas na obra foram alterados nos casos
em que poderia surgir alguma situação embaraçosa.

Todos os grifos são do autor, exceto indicação em contrário.

Todas as citações foram adaptadas segundo o Acordo Ortográfico da
Língua Portuguesa, assinado em 1990, em vigor desde janeiro de 2009.

Direção: Renan Menezes
Editora-chefe: Sarah Lucchini
Assistente editorial: Jaqueline Angelica
Tradução: Paulo Peres
Revisão de tradução: Thaís P. Gomes
Revisão de provas: Cyntia Castanha
Coordenadora de design gráfico: Claudia Fatel Lino
Projeto gráfico e diagramação: Philipe Santos
Capa: Lira Lira

1. edição: jun. 2025

Dados Internacionais de Catalogação na Publicação (CIP)
(Câmara Brasileira do Livro, SP, Brasil)

Miller, Donald
Como expandir o seu negócio: um plano para ajudar sua pequena empresa a decolar / Donald Miller. -- São Paulo : Editora Hábito, 2025.

Título original: *How to Grow Your Small Business: A 6-Step Plan to Help Your Business Take Off*
ISBN 978-65-84795-47-1
e-ISBN 978-65-84795-48-8

1. Administração de empresas 2. Gestão de negócios 3. Liderança 4. Marketing 5. Vendas - Administração I. Título.

25-267034 CDD-658

Índices para catálogo sistemático:

1. Administração de empresas 658
Eliane de Freitas Leite - Bibliotecária - CRB 8/8415

Dedicado a todos os proprietários de pequenas empresas ao redor do mundo.

Cerca de 25% das pequenas empresas vão à falência no primeiro ano, 45% não sobrevivem aos primeiros cinco anos e 65% encerram suas atividades em até dez anos.

Só nos Estados Unidos, existem 33 milhões de pequenas empresas que, além de empregar seus proprietários, são responsáveis pelo sustento de inúmeras pessoas.

Os sonhos de milhões de cidadãos dependem do sucesso desses empreendimentos. Em minha opinião, os pequenos negócios são importantes demais para falir.

Escrevi este livro para que isso não aconteça com você.

— SUMÁRIO —

9 | Nota do Autor

11 | Prefácio

14 | **INTRODUÇÃO**
Como profissionalizar um pequeno negócio?

36 | CAPÍTULO 1 — **LIDERANÇA**

37 Primeira etapa: a cabine de comando
Transforme-se em uma empresa com propósito

61 Primeira etapa: parte dois
Defina suas características-chave

69 Primeira etapa: parte três
Determine suas ações críticas

80 | CAPÍTULO 2 — **MARKETING**
Segunda etapa: a turbina da direita
Torne sua propaganda mais clara com o modelo StoryBrand

112 | CAPÍTULO 3 — **VENDAS**

Terceira etapa: a turbina da esquerda

Elabore um pitch de vendas milionário

142 | CAPÍTULO 4 — **PRODUTOS**

Quarta etapa: as asas

Otimize sua oferta de produtos com o Guia de otimização de produtos

166 | CAPÍTULO 5 — **OPERAÇÕES**

Quinta etapa: a fuselagem

Simplifique suas operações com o Guia fácil de gestão e produtividade

198 | CAPÍTULO 6 — **FLUXO DE CAIXA**

Sexta etapa: os tanques de combustível

Assuma o controle de suas finanças com o Guia fácil de fluxo de caixa

214 | CAPÍTULO 7

Como implementar o *Plano de voo para pequenas empresas*

243 | Agradecimentos

247 | Sobre o autor

— NOTA DO AUTOR —

Se você está em busca de um plano de crescimento para pequenos negócios que o ajude a construir uma operação estável e lucrativa, espero que este livro seja exatamente o que precisa. Nas páginas a seguir, você encontrará seis modelos e estratégias que já auxiliaram milhares de proprietários de pequenos empreendimentos a estruturar empresas que, de fato, funcionam. Se em algum momento você sentiu que estava tentando gerenciar o caos enquanto lutava para expandir seu negócio, saiba que este livro foi feito para você.

— PREFÁCIO —

Proprietários de pequenos negócios vivem no limite. Nesse cenário, se você não sabe como gerar lucro, sua empresa não sobrevive. Ao contrário das grandes corporações, os donos de pequenos empreendimentos não dispõem de orçamentos gigantescos que tolerem erros e ineficiências.

Essa realidade cria uma sensação desgastante de estar sempre "lutando por cada centavo". Não é raro que donos de pequenos negócios invejem a estabilidade das grandes empresas, que parecem operar como máquinas de imprimir dinheiro. Mas onde, afinal, as grandes corporações levam vantagem sobre pequenas empresas? A resposta está em seus sistemas e processos.

O que pequenos empresários precisam, então, é de um sistema simples de estruturas e guias práticos que otimizem o desempenho de seus negócios. Eles precisam de uma forma de assegurar previsibilidade e confiabilidade nas operações do dia a dia.

O *Plano de voo para pequenas empresas*, apresentado no final deste livro, funciona tanto como um manual de operações quanto como uma estratégia de crescimento, e ajudará você a otimizar seu empreendimento para gerar receita e lucro. *Como expandir o seu negócio* guiará você na elaboração do seu plano de voo. Donald Miller o escreveu com base em sua experiência própria.

As seis estruturas e estratégias descritas neste livro foram as mesmas que me permitiram levar meu negócio de quatro para 30 funcionários, enquanto quadruplicávamos nossa receita em apenas seis anos. Contudo, a receita não foi o único aspecto que melhorou. Nossa margem de lucro aumentou, a qualidade dos produtos melhorou, a base de clientes se expandiu e a moral da nossa equipe foi às alturas. Descobrimos que tanto os colaboradores quanto os clientes apreciam trabalhar com uma organização bem-gerida.

Não importa se você trabalha sozinho em sua empresa ou lidera um quadro de cem ou mais funcionários, este livro será útil para você.

Use *Como expandir o seu negócio* para elaborar um bom plano de crescimento. E não se esqueça de aproveitar a jornada. Expandir um negócio deve ser divertido, e quando você implementar as estruturas e estratégias explicadas neste livro, não tenho dúvida de que será. Aproveite o processo.

INTRODUÇÃO

COMO PROFISSIONALIZAR UM PEQUENO NEGÓCIO?

Anos atrás, um amigo me deu o melhor conselho profissional que já recebi. Suas palavras foram tão diretas e impactantes que ecoaram em minha cabeça como um sino pelos cinco anos seguintes.

Bill havia transformado a empresa de seu pai em um negócio bilionário. Com esse dinheiro, ele comprou e vendeu várias outras empresas que também alcançaram sucesso. Ele sabia o que era necessário para administrar um negócio e, mais ainda, para fazê-lo crescer.

Estávamos na entrada da garagem de minha casa depois de uma conversa de uma hora. Havíamos discutido em que ponto meu negócio estava e onde poderia chegar. O futuro parecia promissor, mas era evidente que Bill tinha algo a dizer que não se sentia à vontade para compartilhar. Durante os anos que o conhecia, ele sempre fora encorajador, mas dessa vez parecia ter uma crítica construtiva. Perguntei o que ele estava pensando.

Bill ficou em silêncio por alguns segundos. "Don", ele finalmente disse, abaixando a cabeça e tirando os óculos. "Você precisa profissionalizar sua operação".

"Esse é o seu problema", ele continuou. "Enquanto você não profissionalizar sua operação, o potencial dela será limitado. A quantidade de dinheiro que você pode ganhar e sua capacidade de causar um impacto positivo na sociedade estarão restritas".

Nunca tinha ouvido o termo "profissionalizar sua operação" antes, mas fazia todo o sentido. Meu negócio girava muito em torno de mim, e ninguém (inclusive eu) sabia exatamente o que era necessário para fazê-lo crescer. Tínhamos uma visão, é claro, mas ainda faltavam os sistemas estáveis e previsíveis para transformá-la em realidade.

O que Bill percebeu, e o que agora sei, é que, embora estivéssemos tendo sucesso como empresa, estávamos entrando na chamada "curva S", que assombra a maioria dos pequenos empreendimentos.

É possível evitar a temida curva S?

Todo negócio bem-sucedido já se deparou com a curva S. É sempre a mesma coisa: a empresa começa a crescer — o que é maravilhoso — mas, em seguida, uma série de questões potencialmente fatais é desencadeada. Imagine um negócio começando de forma discreta — o início da curva. Antes que perceba, os produtos começam a vender e a demanda, a aumentar. É algo mágico. O empreendimento começa a crescer. Os clientes ficam satisfeitos e passam a recomendar o produto para amigos. Tudo parece perfeito, como se os problemas tivessem ficado para trás.

Então, as coisas mudam.

O empresário se vê fora de sua zona de conforto, aquela em que estava quando a empresa decolou. Ele começa a gastar tempo demais tentando apagar incêndios e o negócio entra em declínio porque o foco passa a ser resolver problemas em vez de continuar a gerar a mágica que fez a empresa expandir.

Os problemas se agravam. Passam a empregar mais gente do que o necessário na expectativa de crescimento. Compram peças em excesso para fazer mais produtos. Oferecem condições mais flexíveis aos clientes para atrair mais negócios. Investem dinheiro em marketing ineficaz. Logo começam a perceber pessoas no escritório sem saber exatamente o que elas fazem. Os clientes sentem os efeitos: atrasos na entrega de produtos, falhas na comunicação e um atendimento insatisfatório. As vendas começam a cair. Para pagar as contas, os preços são reduzidos temporariamente, o que desvaloriza o produto. Os custos fixos aumentam enquanto a receita diminui. O proprietário, sem outra opção, recorre a linhas de crédito e se afunda nelas. Ele passa a perder noites de sono, e vê sua família sofrer por conta de toda essa situação. O negócio, então, fecha e o proprietário precisa arrumar um emprego para quitar a dívida.

Tudo isso acontece apesar de terem um produto que os clientes desejavam.

Como algo tão trágico pode ser desencadeado por um aumento na demanda?

Após minha conversa com Bill, percebi que eu estava entrando na curva S. Minha zona de conforto era criar conteúdo e desenvolver ótimos produtos, mas, no ano anterior, eu havia passado a maior parte do meu tempo em reuniões, tentando apagar incêndios.

Eu não queria ter um fim como o de tantos outros pequenos negócios. De certa forma, a crítica de Bill me trouxe esperança. Ela me mostrou que era possível fazer minha empresa crescer de forma segura. Se eu profissionalizasse minha operação, a curva S poderia ser evitada.

Levei o conselho do meu amigo a sério e o encarei como um desafio. E sou grato por ter feito isso. Ao profissionalizar minha empresa, conseguimos nos firmar, e pude voltar a fazer o que faço de melhor: criar conteúdo. Para ser sincero, se não tivesse organizado minha operação, é bem provável que este livro jamais tivesse sido escrito.

Nos sete anos desde aquela conversa, meu pequeno empreendimento passou de cerca de 90 para mais de 600 milhões de reais em receita. Durante esse tempo, mantivemos uma margem de lucro considerável. E o melhor: se saio de férias por semanas a fio, o negócio continua funcionando como se eu ainda estivesse lá.

Como profissionalizar seu pequeno negócio e alcançar o sucesso?

Depois de conversar com Bill, comecei a procurar maneiras de profissionalizar minha pequena empresa. No entanto, quanto mais buscava, mais percebia que ninguém havia criado um guia prático sobre isso. Havia inúmeros livros sobre liderança, marketing e vendas, mas não existia um plano simples, passo a passo, para profissionalizar um negócio e torná-lo estável.

O que apresento neste livro é o guia que gostaria de ter tido naquela época, quando Bill e eu conversamos na entrada da minha garagem. Sim, minha equipe e eu descobrimos o caminho, mas o fizemos avançando dois passos e retrocedendo um, repetidas vezes. Incluí neste livro os passos para frente que tivemos, e deixei os passos para trás no arquivo de lições aprendidas. Descobrimos, por exemplo, que sessões opcionais de ioga para fortalecer o senso de comunidade não estão entre os pilares fundamentais para profissionalizar uma operação.

Talvez você também precise profissionalizar sua operação. Desenvolver uma série de sistemas e processos que permitam ao seu pequeno negócio operar como uma máquina pode ser o próximo passo para frente que você estava procurando.

As seis áreas que abordamos para profissionalizar nossa operação foram:

1. **Liderança**: estabelecemos uma visão para a empresa com **três prioridades econômicas** (**Capítulo 1**), e alinhamos a elas todas as funções da organização.
2. **Marketing**: tornamos nossa propaganda mais clara e **convidamos nossos clientes para fazer parte de uma história** (**Capítulo 2**) em que seus problemas seriam resolvidos ao adquirir nossos produtos.
3. **Vendas**: implementamos uma estrutura de vendas **que colocava o cliente como herói e aprendemos a desenvolver um pitch de vendas que aumentava as conversões e impulsionava a receita** (**Capítulo 3**).

4. **Produtos:** otimizamos **nossa oferta de produtos** (**Capítulo 4**) e priorizamos os que apresentavam maior demanda e margem de lucro.
5. **Custos operacionais:** mantivemos os custos enxutos usando um manual de gestão e produtividade que **alinhava toda a equipe por meio de apenas cinco reuniões periódicas** (**Capítulo 5**). Garantimos que cada colaborador tivesse objetivos claros e fosse orientado e motivado.
6. **Fluxo de caixa:** utilizamos cinco contas bancárias para gerenciar o dinheiro que entrava e **protegemos o fluxo de caixa** (**Capítulo 6**) acima de tudo.

Essas seis iniciativas resolveram a maioria dos problemas que atormentavam minha pequena empresa. Quando as implementamos, a empresa começou a operar como uma máquina previsível e estável.

Hoje passo a maior parte do meu tempo criando conteúdo, fazendo reuniões com clientes, e sendo presente em minha família. Tenho cerca de cinco reuniões por semana com diferentes membros de minha equipe. Nessas reuniões, compartilhamos informações importantes e planejamos ações para impulsionar o crescimento da empresa.

É uma vida bem diferente da que eu tinha até implementar os seis pilares e estratégias. Antes de profissionalizar minha operação, sentia que meu empreendimento era uma máquina e que eu estava preso dentro dela.

Claro, essa transformação não aconteceu da noite para o dia. Investimos milhões de reais em consultores externos e passamos incontáveis horas testando soluções que não funcionaram. Mas, no final, foram essas seis etapas que nos trouxeram tranquilidade e crescimento.

Você precisa de um plano prático e realista que possa implementar em seis meses

Independentemente dos produtos ou serviços oferecidos pela sua empresa, você venderá mais se organizar uma operação que produza, promova, venda e distribua produtos de forma eficiente. Este livro foi pensado tanto para transformar o seu negócio quanto para ajudar *você* a se tornar uma pessoa que sabe construir uma empresa que funciona. E, uma vez que você souber como gerir um negócio, poderá replicar o processo em quantos empreendimentos desejar.

Seja seu negócio voltado para o consumidor final, empresas, produtos digitais, serviços financeiros, indústrias, conteúdos, ou qualquer outro setor, cada etapa deste manual fará uma diferença significativa em seu resultado final.

No entanto, se você não seguir as seis etapas para organizar e fazer seu empreendimento crescer, continuará sujeito às seis razões pelas quais a maioria das pequenas empresas vai à falência:

1. Falha em identificar e priorizar objetivos econômicos.
2. Falha em vender produtos com uma mensagem clara.
3. Falha em vender de forma que coloque o cliente como protagonista.
4. Produção de itens que não têm demanda ou não são lucrativos.
5. Custos fixos elevados devido à má gestão e baixa produtividade.
6. Má gestão financeira e do fluxo de caixa.

Nenhuma dessas questões precisa ser fatal para o seu negócio. Se você implementar as seis etapas apresentadas neste livro, esses problemas não conseguirão desestabilizá-lo.

Considere este livro como um manual para profissionalizar sua operação. As seis etapas podem ser seguidas na ordem apresentada ou de acordo com suas necessidades mais urgentes. Você pode implementar cada uma em seis meses, um ano ou mais. A cada etapa concluída, você perceberá resultados em seu lucro. Por exemplo, a primeira etapa — reescrever sua *Declaração de Missão* para incluir três prioridades econômicas — já ajudará a trazer o foco necessário para aumentar a receita e melhorar a moral da equipe. A segunda etapa trará ainda mais crescimento, e assim por diante.

Você não precisa implementar todas as seis estruturas para ver sua empresa crescer, mas, quanto mais fizer, mais estável ela será e menos você se sentirá preso à máquina que criou.

Antes de qualquer coisa, vamos explorar uma metáfora visual que ajudará a entender as seis etapas e como, de fato, uma pequena empresa funciona.

Construa sua empresa como um avião ou ela cairá

Para aperfeiçoar um pequeno negócio, precisamos de um parâmetro que nos permita compará-lo e identificar o que está funcionando e o que requer ajustes.

Você provavelmente já conheceu alguém excepcional no mundo dos negócios. Talvez até tenha pensado que essa pessoa tem um dom especial. Embora pareça que certas pessoas tenham nascido com uma inclinação natural para a coisa e sejam capazes de identificar problemas após poucas perguntas, a verdade é que elas não são gênios. O que possuem é um padrão de comparação, um modelo que utilizam para analisar rapidamente um empreendimento e identificar seus pontos fracos.

Esta introdução apresentará esse padrão. Ao compreendê-lo, você não apenas terá uma visão mais clara sobre a sua própria empresa, mas também conseguirá analisar a de outras pessoas. O restante do livro será dedicado a mostrar como corrigir as seis partes críticas do seu negócio para que ele funcione o mais próximo possível desse padrão.

Nosso padrão é um avião

Quando meu negócio gerava menos de 625 mil reais de receita por ano, eu tinha um modelo de avião em minha estante. Um dia, olhando para ele, percebi que a forma como uma aeronave é projetada é semelhante à forma como um negócio deve ser estruturado. Assim como um avião, um empreendimento tem partes, e elas se conectam ao todo para fazê-lo voar.

Quando construído da maneira correta, um avião é uma máquina segura, confiável e útil, que cumpre com sucesso sua função de levar pessoas e cargas até um destino predefinido. Porém, se não for construído de acordo com as especificações certas, ele pode se tornar uma máquina perigosa, com potencial para produzir resultados catastróficos.

O objetivo principal ao projetar um avião é levá-lo a um destino sem cair. Para se manter no ar, ele precisa ir para a frente e em alta velocidade, o que exige uma fonte de propulsão. Para ganhar sustentação, necessita de asas que sejam fortes e leves. Para transportar pessoas e cargas, deve ter um corpo o mais enxuto possível, a fim de evitar peso excessivo. Por fim, o avião deve ter combustível suficiente para chegar ao seu destino ainda abastecido e sem provocar um acidente.

Um bom avião comercial possui muitas partes, mas seis são cruciais para que ele voe com segurança.

As seis partes da sua pequena empresa

Peguei o modelo de avião e o girei em minhas mãos. Assim como um avião depende de seis partes críticas para cumprir sua função, um negócio também possui seis componentes que determinam seu sucesso.

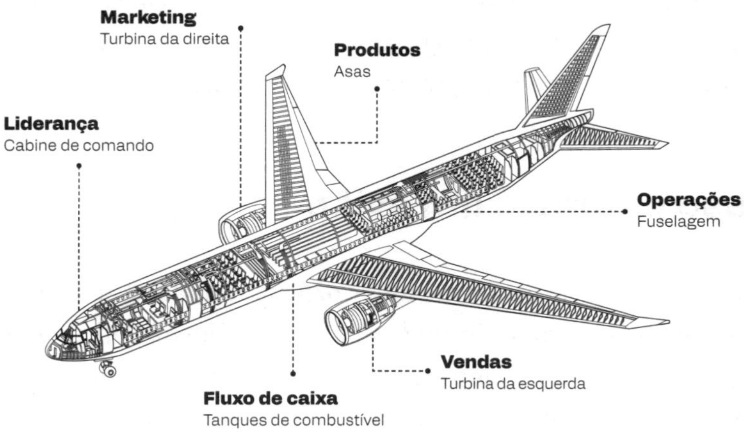

1. A cabine de comando simboliza a liderança. Basicamente, é a liderança que assume a responsabilidade de levar o avião ao seu destino.

Pilotos precisam saber exatamente para onde estão indo e planejar, de trás para frente, como garantir uma chegada segura.

Para fazer uma empresa crescer, é necessário saber como unir a equipe em torno de um objetivo econômico claro.

2. A turbina da direita representa o trabalho de marketing, que contribui para a propulsão do avião. Quando o marketing é bem-feito, a empresa vende mais produtos e avança, gerando o movimento que, por sua vez, contribui para a sustentação.

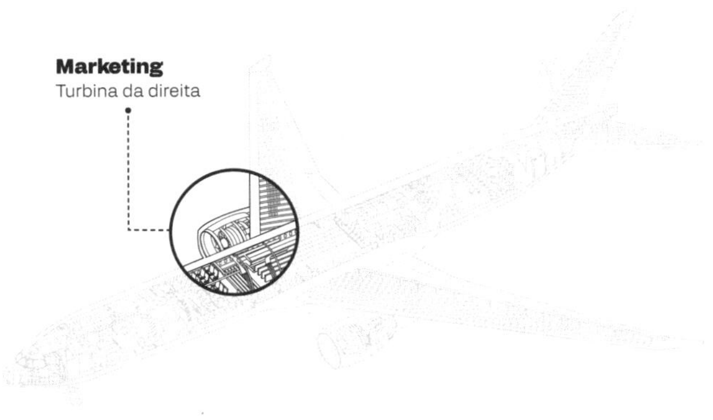

Para fazer uma empresa crescer, você precisará tornar sua propaganda mais clara, a fim de produzir uma quantidade considerável de propulsão.

3. A turbina da esquerda simboliza as vendas, que aumentam ainda mais a propulsão da aeronave. Mesmo que você não tenha uma equipe de vendas, é provável que participe de inúmeras conversas com clientes em potencial. Infelizmente, a maioria de nós não gosta de vender. No entanto, ao aprender a criar um pitch de vendas milionário, capaz de mostrar como seus produtos ou serviços podem resolver os problemas dos clientes, as vendas aumentam e a propulsão que move o avião para frente se intensifica.

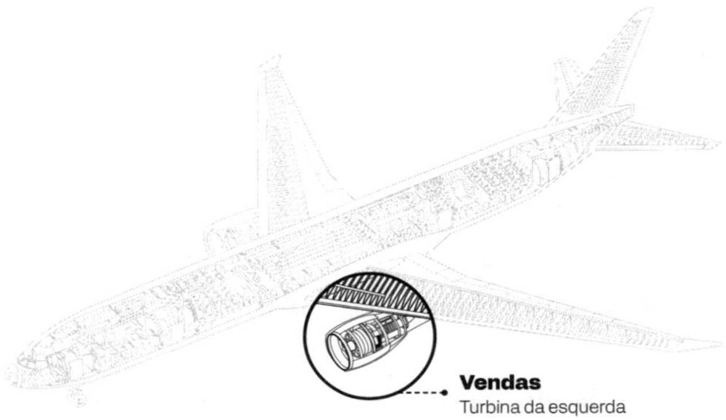

Para fazer uma empresa crescer, você precisará vender de uma maneira que coloque o cliente na posição de herói. Muitas pessoas falam demais sobre si mesmas durante uma venda. Evite isso. Conduza bem as interações comerciais com clientes; é isso que fará a turbina do avião gerar ainda mais impulso.

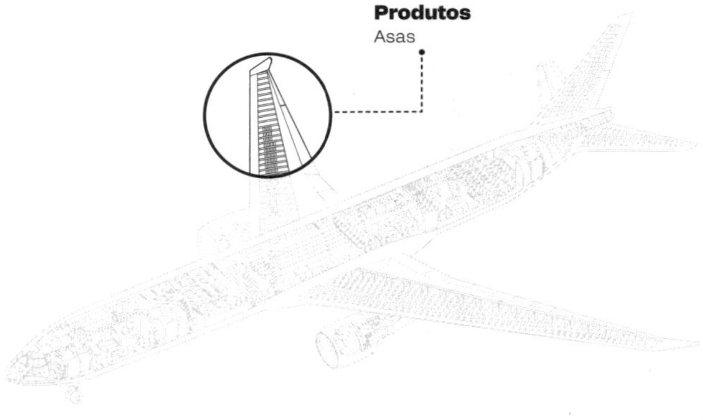

4. As asas do avião simbolizam os produtos ou serviços que você oferece. Se houver demanda para tais produtos e forem lucrativos, eles darão sustentação ao negócio e suportarão o peso do avião. O impulso vem do trabalho do marketing e das vendas, mas são as asas (produtos lucrativos e em demanda) que fazem o avião, de fato, voar.

Para fazer uma empresa crescer, você precisa saber como otimizar sua oferta de produtos, para que o avião alcance a máxima sustentação possível.

5. A fuselagem do avião simboliza as operações. Se os custos operacionais saírem do controle, a fuselagem ficará pesada demais, o que provocará a queda do avião. Sua maior despesa geralmente será a folha de pagamento, independentemente de ser apenas você ou uma pequena equipe. Os custos com pessoal podem derrubar um negócio, a menos que você e seu quadro de funcionários estejam seguindo um bom manual de gestão e produtividade.

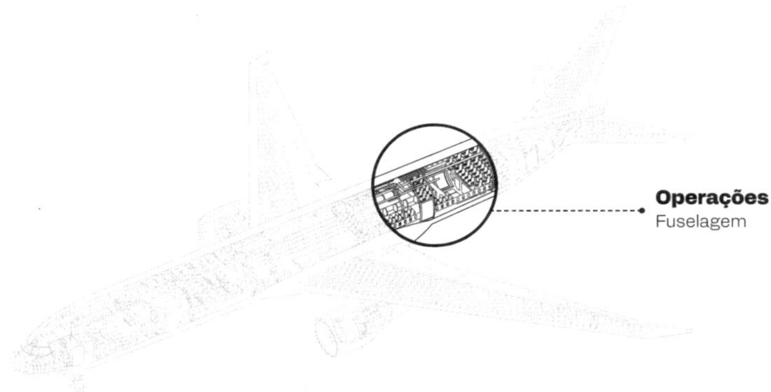

Para fazer uma empresa crescer, será necessário implementar um manual de gestão e produtividade que garanta que cada colaborador contribua para as prioridades econômicas gerais da organização.

6. Os tanques de combustível simbolizam o fluxo de caixa. Com combustível, a energia é transferida para todas as partes móveis da aeronave. Sem ele, o avião cai, não importa o quão bem projetado seja.

O mesmo vale para o dinheiro em um pequeno empreendimento. O fluxo de caixa deve ser gerenciado de forma a garantir que haja dinheiro suficiente para operar, além de uma reserva para emergências, caso o avião precise dar algumas voltas sobre o aeroporto antes de aterrissar.

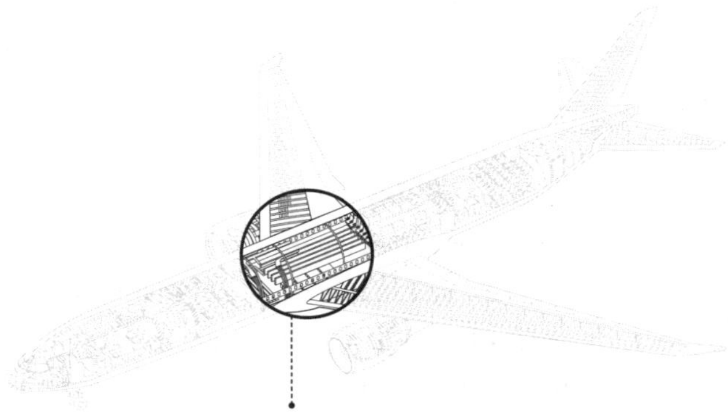

Para fazer uma pequena empresa crescer, você precisará de um método simples e fácil de usar para gerenciar o dinheiro.

O avião funciona como um filtro que auxilia na tomada de decisões

A metáfora do avião tornou-se um poderoso filtro para minhas decisões, permitindo-me expandir meu negócio de maneira intuitiva. Por exemplo, toda vez que contratávamos alguém, eu me perguntava como compensar o salário dessa pessoa. Será que esse investimento ajudaria a alargar as asas (criando um novo produto ou fonte de receita), aumentaria a propulsão (impulsionando as vendas) ou apenas ampliaria a fuselagem do avião (aumentando os custos fixos e tornando o avião mais pesado, o que contribuiria para uma possível queda)?

Manter essa metáfora em mente me ajudou a tomar decisões mais inteligentes, que, por sua vez, são a chave para a expansão de qualquer empreendimento. Fazer um pequeno negócio crescer envolve toda uma sequência de decisões acertadas, além da capacidade de se recuperar quando as coisas não saem como esperado. Levando a estrutura do avião em consideração, consegui identificar de onde vinham os problemas e quais das seis partes críticas precisavam de ajustes para manter minha aeronave voando.

Desde que compreendi essa analogia, compartilhei-a com milhares de outros proprietários de pequenas empresas. Os resultados foram impressionantes. Muitos empresários como você dobraram sua receita após implementar as estruturas sugeridas. Se você deseja ver seu empreendimento crescer, basta trabalhar as seis partes do avião e conectá-las de forma a garantir que ele voe mais longe e rápido.

As etapas apresentadas neste livro ajudarão você a tirar sua empresa do chão e expandi-la para 50 ou mais funcionários, além de múltiplos milhões em receita. Quando isso acontecer, poderá ser necessário adotar novas estratégias para lidar com certos desafios, como a gestão de recursos humanos em uma equipe maior. No entanto, se você está começando ou tentando escalar sua pequena empresa para centenas de milhares ou milhões em faturamento, essas são as áreas que você precisa abordar primeiro.

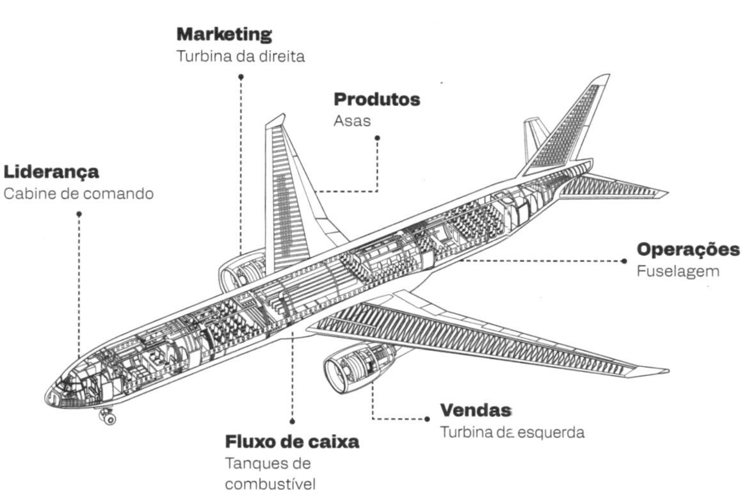

Obedeça à regra da proporção e seu negócio não fracassará

Para sua empresa crescer de forma segura, você precisará expandir suas partes em proporção umas às outras.

No início, seu negócio é como um pequeno avião com você sozinho na cabine de comando e um único motor à frente. O voo é tranquilo, você desliza pelas nuvens, e a vida parece ótima. Esse motor provavelmente é o seu motor de marketing, talvez um funil de vendas simples, alguns anúncios no Facebook ou, se tiver sorte, o poder do boca a boca.

Mesmo ainda pequenas, suas asas são suficientes para tirá-lo do chão. Você tem um produto que está vendendo em um mercado de varejo, no Etsy[1] ou em uma pequena loja física. Talvez você esteja fazendo consultoria, oferecendo serviços financeiros, vendendo imóveis ou comercializando um produto de marketing multinível. O importante é que você tem algo que as pessoas querem comprar, e sua hélice única do marketing é suficiente para movimentar algumas unidades e colocar dinheiro no seu bolso. Seus tanques são pequenos, mas, como o avião também é, você tem combustível para dar algumas voltas no aeroporto em caso de emergência.

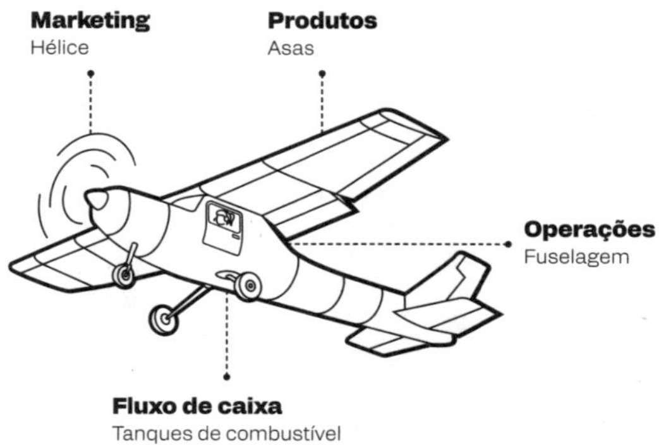

À medida que sua empresa crescer, você provavelmente precisará de ajuda. A primeira pessoa que irá contratar pode ser alguém para liberar

[1] Etsy é um mercado global online que conecta vendedores independentes a compradores interessados em produtos únicos e criativos, incluindo peças artesanais e itens vintage. [N.T.]

mais do seu tempo, como um assistente pessoal. Contudo, essa contratação aumenta os custos operacionais de maneira significativa (fazendo o corpo do avião ficar maior) e não contribui diretamente para o tamanho das asas ou o aumento da propulsão dos motores.

É natural se preocupar um pouco; afinal, o custo dessa contratação pode colocar a segurança do avião em risco. Porém, ao considerar o quanto de tempo um assistente lhe dará para que você contribua para o aumento das asas ou da propulsão do motor (talvez atuando como o principal vendedor), a contratação é justificável. O avião ficou um pouco maior, mas isso não importa, porque as asas e o motor também ficaram maiores.

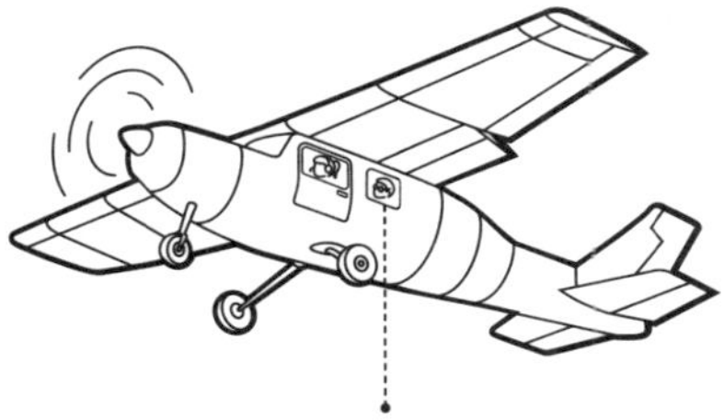

Assistente pessoal

Parabéns! Você começou a expandir sua empresa.

Agora que seus custos operacionais aumentaram um pouco e seu motor está funcionando com mais intensidade, é hora de aumentar o tamanho dos seus tanques de combustível. O ideal é ter o equivalente a seis meses de despesas operacionais guardados em uma conta para emergências. Depois de economizar essa reserva, o avião ficará mais estável, e você poderá começar a planejar o próximo passo.

Talvez você perceba que o dinheiro que está gastando com marketing seria mais bem aproveitado se fosse investido internamente. Assim, você contrata um profissional de marketing em tempo integral. Essa posição não é barata, mas a contratação se justifica porque o novo funcionário adiciona um segundo motor. Agora, há três pessoas no avião: você, um assistente pessoal e um diretor de marketing. O avião ficou um pouco maior, mas está voando bem.

Após um ano ou mais, você nota que existem várias contas especiais interessadas em seus produtos. Se tivesse um vendedor, poderia alcançá-las com mais eficácia. Portanto, você contrata um representante de vendas para gerar ainda mais propulsão. Você oferece a ele um salário-base e uma comissão interessante, para que a posição não aumente de maneira excessiva os custos operacionais. Afinal, comissões aumentam conforme o sucesso, o que significa que o corpo do avião (custos fixos) só aumenta quando a propulsão real da aeronave também aumenta.

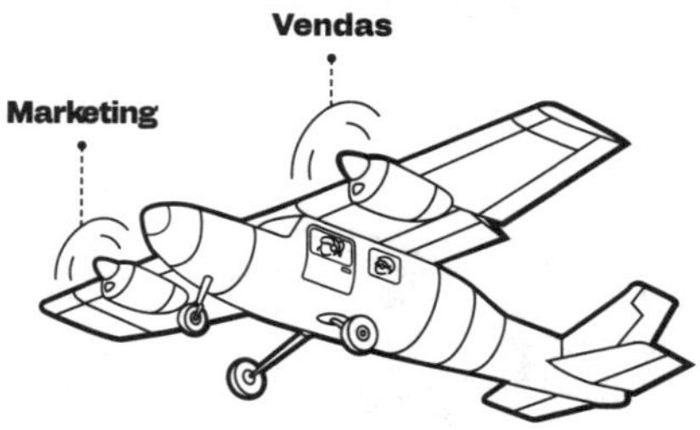

A partir desse ponto, você alternará entre contratar criadores de produtos e funcionários para auxiliar na produção, marketing, vendas e administração. Como as contratações são feitas de forma proporcional e sempre com atenção aos custos operacionais, a expansão da empresa ocorre de forma segura.

Não só isso, mas ela continua a crescer. Quando você segue as seis etapas, elas não apenas geram crescimento, mas também ajudam a gerenciar bem esse crescimento.

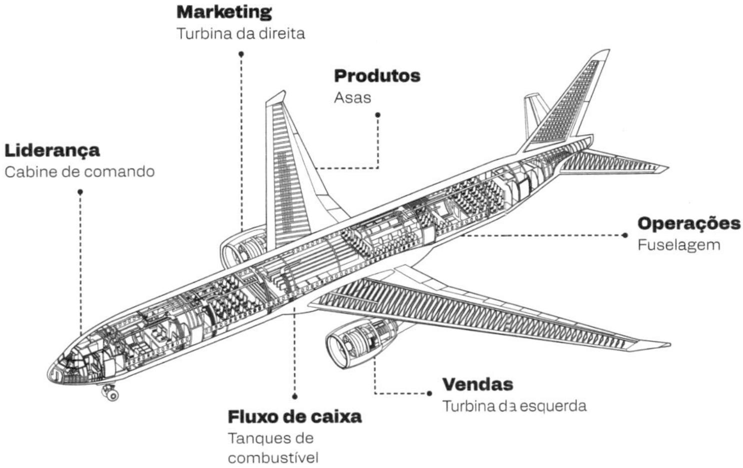

Infelizmente, as ações que acabei de descrever são frequentemente mal administradas pela maioria dos proprietários de pequenos negócios. Às vezes, o empresário contrata antes que os motores direito e esquerdo possam sustentar o peso adicional. Outras vezes, ele espera demais para contratar, o que resulta em clientes insatisfeitos e potencial perdido.

O motivo pelo qual a maioria dos pequenos empreendimentos fracassa não é porque as pessoas não querem os produtos que eles vendem, mas sim porque não havia um plano simples que tornasse o crescimento da empresa intuitivo. Quando não temos a metáfora visual do avião em mente, ainda estamos construindo um avião, mas da maneira errada. E, se você construir errado uma aeronave, ela não voará. Ou, pior ainda, ela pode voar por um tempo, mas acabar caindo.

Se você, ou alguém que conhece, já administrou um negócio que fracassou, pode facilmente fazer uma análise do que deu errado usando a analogia do avião. Lembre-se, negócios geralmente vão à falência por um dos seis motivos: a equipe não conseguiu se unir em torno de objetivos econômicos claros, o marketing não foi eficaz, as vendas não otimizaram os resultados, os produtos não eram lucrativos ou não tinham demanda, os custos operacionais estavam inflados, ou a empresa ficou sem dinheiro.

Você pode evitar essas seis falhas fatais. Se você dominar as seis etapas para construir sua empresa como um avião, ela voará.

Cuidado com a aparência do sucesso

Infelizmente, muitos negócios, em especial startups financiadas por fontes externas, como capital de risco ou *private equity*[2], podem facilmente *parecer* bem-sucedidos sem realmente *serem*. Portanto, cuidado. O líder de uma startup totalmente financiada ainda precisa obedecer às regras do avião; caso contrário, todo o dinheiro dos investidores será perdido.

Muitos líderes de startups verificam suas contas bancárias, deparam-se com milhões de reais disponíveis e começam a gastar de forma imprudente. O erro mais comum é contratar uma agência para criar uma identidade de marca. O problema é que muitas agências de marcas se concentram mais em fazer a empresa parecer boa do que em ajudar a gerar lucro. Como resultado, o líder da startup acaba com uma marca visualmente bonita, mas que confunde os clientes em vez de atraí-los. Para piorar, eles duplicam o erro ao colocar o belo logotipo recém-criado em uma variedade de brindes desnecessários, que os fazem parecer bem-sucedidos, mas não vendem produtos.

Não só isso, mas eles se empolgam com o financiamento generoso e alugam um escritório em uma área cara da cidade. Colocam o logotipo na parede e convidam os amigos para um *happy hour* com coquetéis, no qual acaba acontecendo um torneio de pingue-pongue e todos se divertem como nos tempos da faculdade.

Esse tipo de comportamento equivale a um avião com um corpo enorme, asas minúsculas, motores fracos e uma cabine de comando que mais parece uma cabine de primeira classe com bebida à vontade do que uma sala apertada em que pilotos sérios estudam os números e mantêm o avião no ar.

---

2 *Private equity* é uma estratégia de investimento que consiste em comprar participações em empresas que não estão listadas na bolsa de valores. O objetivo é aumentar o valor da empresa e, posteriormente, vender a participação com lucro. [N.T.]

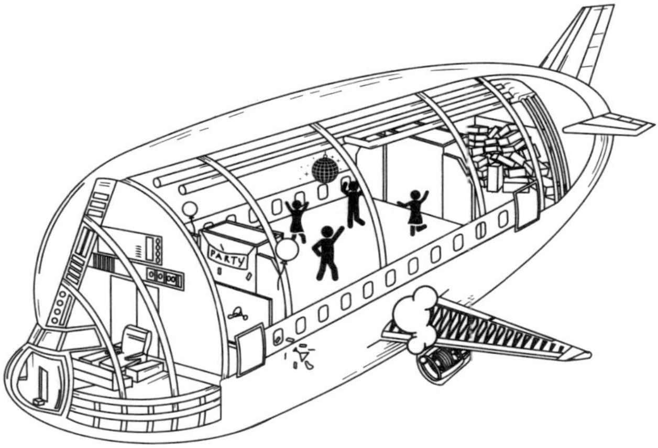

Se você iniciou um pequeno negócio e não tem o luxo de ter grandes investimentos por trás, isso pode, na verdade, ser uma vantagem. Por quê? Porque você está mais em sintonia com as leis da física que determinam o sucesso ou fracasso de uma empresa. Capital de risco e *private equity* são ferramentas incríveis, mas, se a liderança não for cuidadosa, esses recursos podem causar uma desorientação séria na hora de pilotar o avião.

Para estruturar sua empresa, elabore um plano de voo

Se você projetar um avião sem respeitar as leis da física, as pessoas podem se machucar.

Para projetar e construir uma aeronave corretamente, as empresas que fabricam grandes aviões comerciais e governamentais utilizam listas de verificação rigorosas. Depois, quando os pilotos dirigem a aeronave, eles continuam usando checklists, assim como as equipes de manutenção no solo. Por isso, o transporte aéreo é uma das formas mais seguras de viajar.

O que tem faltado desde o início para os pequenos empreendimentos são esses mesmos checklists, estruturas e guias confiáveis para ajudá-los a crescer.

Muitos líderes empresariais não profissionalizam suas operações porque o processo parece complicado e exaustivo. Alguns empresários já me disseram que implementar um guia de negócios dá mais trabalho do que atender seus clientes. Isso os frustra, pois eles não começaram a atividade para construir uma empresa; apenas queriam criar ou representar um produto que amam e vendê-lo para clientes de quem gostam. Parece que virar uma empresa atrapalha seus planos.

Mas não precisa ser assim.

As seis etapas que ajudam você a construir seu negócio como um avião são fáceis de entender e simples de implementar.

Use este livro como um checklist de voo para garantir que seu negócio seja projetado da melhor forma possível, de modo a obter o máximo de receita, lucro e satisfação dos clientes.

Cada etapa funciona como um mini manual. Você pode implementar as etapas de que precisa, no ritmo que considerar mais adequado. Pode também retornar ao livro sempre que precisar — por meses ou até anos. Melhor ainda, você pode compartilhar este material com sua equipe de liderança, revisar juntos o *Plano de voo para pequenas empresas* e, como um time, transformar o empreendimento.

A ideia é simples: se você está gastando tempo demais apagando incêndios em vez de interagir com clientes e vender seus produtos, provavelmente precisa profissionalizar sua operação.

Para aproveitar ao máximo este livro:

1. Revise o plano de voo nas páginas finais. Ele contém tudo o que é necessário para implementar as seis etapas.
2. Leia sobre cada etapa e implemente-a sem pressa. Cada uma ajudará você a organizar sua pequena empresa e a gerar crescimento.
3. Continue seguindo as seis etapas para gerir seu negócio de forma segura e lucrativa.

Decolar para as nuvens é emocionante, desde que você saiba o que está fazendo. Vamos dar o primeiro passo.

— CAPÍTULO 1 —

LIDERANÇA

PRIMEIRA ETAPA: A CABINE DE COMANDO

Transforme-se em uma empresa com propósito

O primeiro passo ajudará você a resolver os seguintes problemas:

- Você sente que está improvisando o tempo todo.
- Sua empresa não tem uma visão clara e inspiradora.
- Como líder, você define as prioridades à medida que as coisas acontecem.
- Seu time não se lembra do propósito da empresa.
- Ao contratar, você fica tentando adivinhar os perfis ideais.
- Todos estão ocupados, mas o empreendimento não está crescendo.
- Sua equipe não entende de verdade a importância do objetivo da empresa.
- Você parece estar "correndo atrás de dinheiro", sem ter um plano ou uma direção a longo prazo.

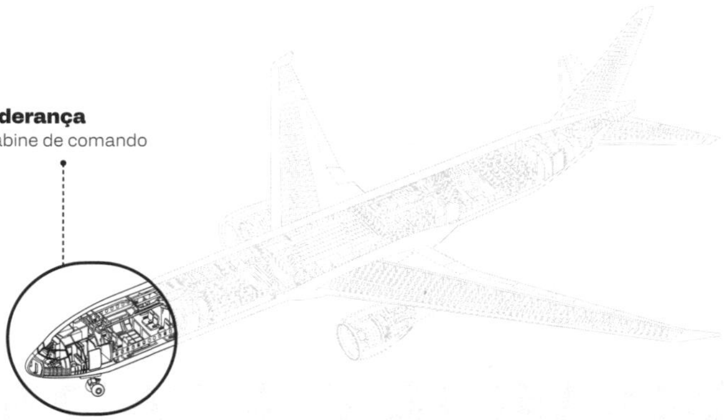

A principal função de um líder e de sua equipe de liderança é definir de forma clara o destino da empresa e, a partir disso, de frente para trás, estruturar um plano para chegar lá. Sua segunda função é manter a equipe concentrada no destino; para isso, é importante relembrar a direção a ser seguida e promover ajustes constantes ao longo do percurso para garantir uma chegada bem-sucedida.

Quando o assunto é pilotar um avião, o sucesso do voo depende, em grande parte, do plano de voo. Sem um destino definido, o piloto e a tripulação não conseguem tomar as medidas necessárias para chegar ao objetivo final.

Em voos comerciais, os pilotos sabem exatamente onde a aeronave deve estar a cada minuto. Embora as coordenadas possam sofrer ajustes durante o trajeto, o plano de voo serve como um filtro para todas as decisões que precisam ser tomadas no meio do caminho.

A mesma lógica vale para a liderança de um pequeno empreendimento.

A maioria das pequenas empresas possui metas, mas, muitas vezes, essas metas não são claras o suficiente para que todos os colaboradores compreendam a missão da empresa e saibam exatamente qual é o papel deles para cumpri-la. O problema é que a missão é vaga e os princípios que orientam a equipe não são fáceis de memorizar. Se o objetivo for "conquistar a confiança satisfazendo os clientes", a missão será genérica e difícil de traduzir em ações práticas. Por outro lado, se o objetivo for "triplicar o número de clientes de coaching nos próximos 24 meses", e as ações críticas forem "perguntar a cada cliente se ele conhece o programa de coaching", a equipe terá uma noção muito mais clara do que precisa ser feito. Por quê? Porque a missão foi especificada e as ações críticas foram bem-definidas.

Infelizmente, missões vagas são uma realidade comum na maioria dos pequenos negócios. Nem mesmo os membros da equipe — e, em alguns casos, nem os próprios donos — sabem o que devem fazer ou, mais preocupante ainda, não sabem qual é o verdadeiro objetivo do empreendimento.

Quer você seja o único funcionário de sua empresa ou tenha uma equipe pequena, o modelo de *Declaração de missão e princípios orientadores,* apresentado na primeira etapa, trará mais clareza para os objetivos do seu negócio e permitirá que você estruture um empreendimento movido por um propósito.

Ao concluir a primeira etapa — "Transformar-se em uma empresa com propósito" — você terá em mãos um pacote de princípios orientadores com três elementos essenciais:

1. Uma **Declaração de missão** com três prioridades econômicas.
2. **Características-chave** que todos os colaboradores devem possuir.
3. **Ações críticas** que podem ser tomadas diariamente para unir a equipe e definir a cultura da empresa.

Quando você concluir a primeira etapa, sua *Declaração de missão e princípios orientadores* caberão em uma única folha de papel, que poderá ser revisada em reuniões importantes. Você encontrará essa folha no seu *Plano de voo para pequenas empresas* e também poderá acessar uma versão digital e preenchível em SmallBusinessFlightPlan.com. Uma vez que você souber para onde deseja levar o seu negócio, o planejamento para uma chegada bem-sucedida se tornará mais intuitivo.

Se você estiver passando por esse processo sozinho, reserve vários dias para concluir a primeira etapa. Cada elemento de seus princípios orientadores exigirá muita reflexão e análise; portanto, não se apresse. Se for desenvolver os princípios orientadores com uma equipe, será necessário reservar de oito a dez horas para concluir todas as tarefas. Isso pode ser feito ao longo de várias reuniões de duas horas ou em um único dia.

Muitas equipes optam por organizar um retiro ou um evento fora do ambiente de trabalho para criar seus princípios orientadores.

Este capítulo apresentará as três partes da *Planilha de princípios orientadores para uma empresa com propósito* e o guiará por todo o processo, passo a passo. Esta é a planilha que você usará:

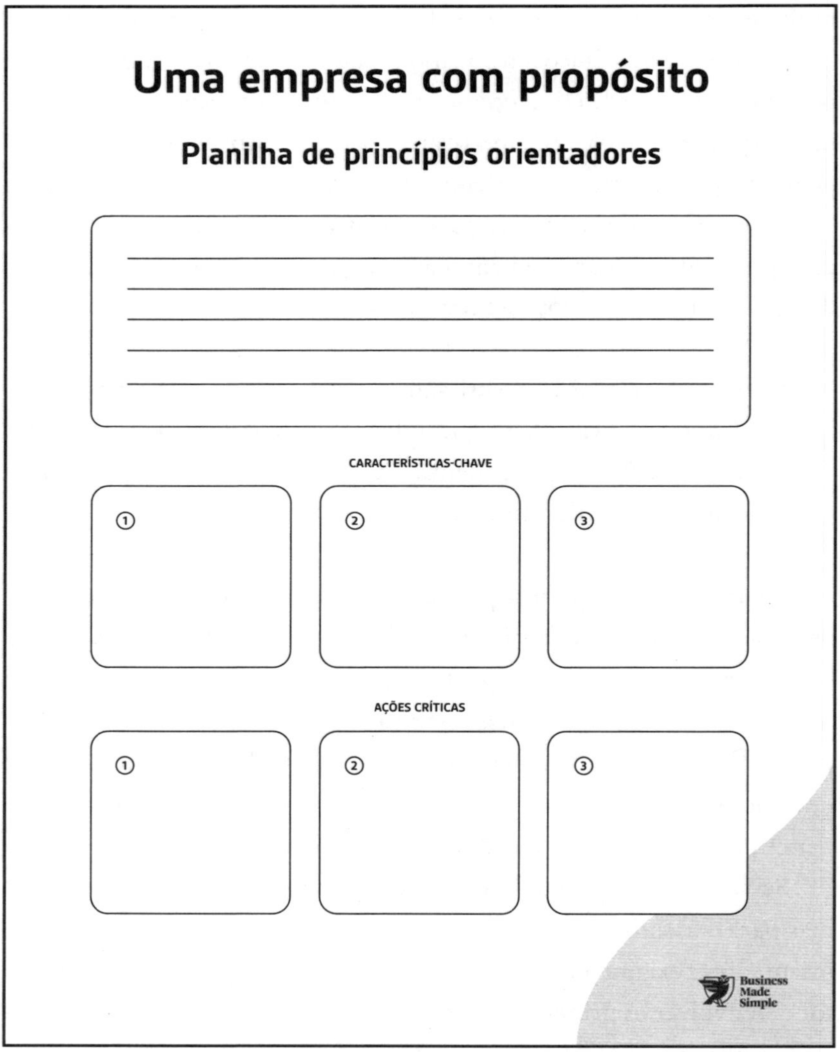

Acesse a versão digital preenchível em SmallBusinessFlightPlan.com

Use o restante deste capítulo para entender as três partes da Planilha de princípios orientadores. *Depois de preenchê-la em seu* Plano de voo *no final deste livro, sua empresa estará alinhada a três prioridades econômicas. Além disso, você saberá exatamente que tipo de pessoas deve ter ao seu lado no avião e estabelecerá três ações críticas que garantirão ainda mais seu sucesso.*

Uma empresa com propósito
Parte um: *Declaração de missão*

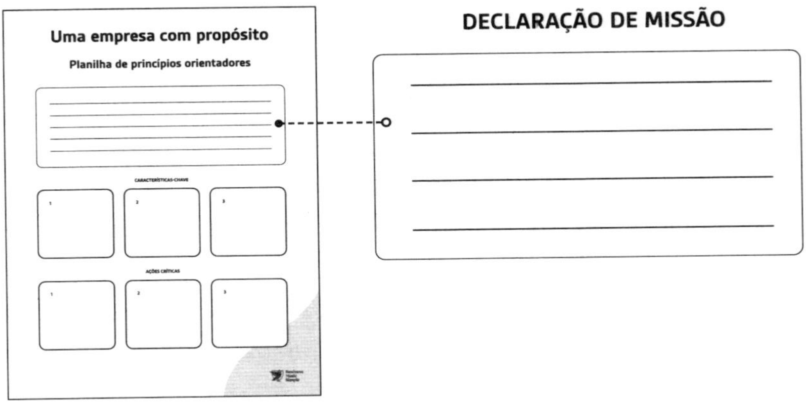

Existem três razões pelas quais a maioria das declarações de missão falha:

1. Não incluem objetivos econômicos específicos.
2. Não estabelecem um prazo.
3. Não respondem à pergunta "por quê?".

Ao incorporar esses três elementos em sua *Declaração de missão*, você convida a si mesmo e à sua equipe a fazer parte de uma história importante. Mas por que fazer isso? Porque todo ser humano deseja desempenhar um papel vital em uma história vital. Quando você aplica nossa fórmula de *Declaração de missão*, oferece à sua equipe mais do que uma simples missão. Na verdade, você proporciona a eles um papel ativo em uma história maior do que suas próprias trajetórias individuais. Isso, por sua vez, eleva a moral da equipe, impulsiona a produtividade, fortalece o recrutamento e aumenta a retenção de talentos. Todos desejam trabalhar em uma empresa que possui uma missão.

Sejamos sinceros: a maioria das Declarações de missão acaba sendo esquecida

O tipo de *Declaração de missão* que a maioria das empresas cria está longe de ser útil.

Muitas são mais ou menos assim: "Nossa razão de ser é gerar valor para os acionistas, atendendo nossos clientes com integridade e excelência, enquanto blá, blá, blá".

O que falta em uma declaração como essa é, justamente, uma missão.

Sua empresa prosperará ou fracassará com base na clareza com que você articula uma missão inspiradora.

Se estivesse atribuindo uma missão a soldados, você sentiria a necessidade de ser claro, certo? Imagine dizer algo como: "Em algum momento, serviremos ao bem comum eliminando os insurgentes perigosos do cenário social para que todos possam ser livres". Essa instrução, além de vaga, é incapaz de inspirar ações concretas e coordenadas para alcançar um objetivo. Agora, compare com esta outra orientação: "Nossa missão é invadir e assumir o controle do quartel-general do ditador pelos quatro lados e também pelo ar, a fim de resgatar os reféns e controlar a área". Nesse caso, a clareza da missão inspira a equipe certa a criar o plano certo e executar uma sequência de ações necessárias para atingir o objetivo.

A mesma lógica se aplica a reger uma orquestra. Um maestro que simplesmente orienta seus músicos a "tocar com excelência" não conseguirá uma boa performance. Pelo contrário, o resultado será o caos, a menos que ele os instrua a "tocar *Os Planetas*, de Holst, com excelência".

Uma *Declaração de missão* específica inspira ação, enquanto uma que é vaga gera confusão.

E se uma missão confusa estiver atrasando o desempenho de sua equipe? Uma vez por ano, você sobe em um palco, levanta os braços e diz algo genérico como "façam tudo com excelência". Após isso, cada membro de sua equipe começa a agir conforme sua própria interpretação de excelência.

Para inspirar sua equipe, crie uma lacuna narrativa

Se queremos que nossas equipes se unam em torno de uma missão, precisamos abrir uma lacuna narrativa em suas mentes, que só pode ser fechada com o cumprimento da missão. Um dos maiores problemas das *Declarações de Missão* vagas é que elas não abrem essa lacuna. Quando contamos uma história, o ouvinte presta atenção para descobrir se, de fato, o herói conseguirá desarmar a bomba ou se casará com a pessoa amada. Até que a história seja resolvida, o ouvinte sente (e, muitas vezes, até aprecia) uma leve inquietação, que o mantém envolvido até que a sensação de paz seja restaurada. Esse desconforto é uma forma de dissonância cognitiva.

Uma história, portanto, funciona como um quebra-cabeças. A mente percebe o caos e sente a necessidade de organizar as peças na ordem correta. Quando ela consegue, experimentamos uma sensação de alívio.

Esse desejo de fechar o ciclo narrativo é conhecido como tração narrativa, e ela ocorre no momento em que nos interessamos por uma história. Isso é importante para as empresas, pois, quando a *Declaração de missão* gera uma tração narrativa, o alinhamento e a produtividade da equipe aumentam. Afinal, todos começam a trabalhar com o objetivo de fechar o ciclo narrativo.

Quando um general comunica a suas tropas que a missão é tomar o quartel-general do ditador pelos quatro lados e também pelo ar, a imaginação dos soldados começa a trabalhar. Eles passam a projetar um plano de frente para trás, visualizando as ações necessárias para conquistar o complexo e fechar o ciclo narrativo que foi aberto em suas mentes, o que os livra da dissonância cognitiva.

Por outro lado, quando a comunicação é vaga, o plano nunca se concretiza, pois a equipe não consegue imaginar como a história sugerida pode terminar. Declarações genéricas como "existimos para atender os clientes com cuidado e excelência" falham em inspirar ação justamente por isso. Esse tipo de afirmação é equivalente a dar aos soldados a missão de "serem bons e lutarem pelo bem". Ser bom de que forma? Lutar contra quem? Com qual objetivo?

Seja específico

Se você estivesse escrevendo o roteiro de um filme em que o protagonista buscasse algo vago, como "excelência em tudo o que fizesse", o público teria dificuldade em entender o sentido dessa busca. Nesse caso, nenhuma lacuna narrativa seria aberta.

No entanto, se o herói da história tiver como objetivo "quebrar o recorde mundial dos 100 metros rasos", a lacuna narrativa é aberta na mente do público e a história ganha tração narrativa. O público se envolve com o enredo e começa a se perguntar: "Será que o herói conseguirá quebrar o recorde? Vamos assistir para descobrir".

Agora, imagine o que mudaria se você aplicasse esse mesmo conceito em uma *Declaração de missão* para sua empresa. Se ela abrisse uma lacuna narrativa, tanto você quanto sua equipe sentiriam uma tração narrativa coletiva que os levaria a agir.

Ao implementar a primeira etapa, "Transforme-se em uma empresa com propósito", é exatamente isso que você fará.

Para elaborar uma declaração que gere tração narrativa, são necessários **três objetivos econômicos específicos, um prazo definido** e **uma razão clara pela qual a missão é importante.**

A fórmula de *Uma empresa com propósito* inclui as coordenadas para um destino específico, um prazo e uma razão clara do "por quê".

Os três componentes de uma *Declaração de missão* eficaz

O primeiro passo para redigir uma *Declaração de missão* que, de fato, funcione é identificar as principais métricas de vendas que garantirão o sucesso do seu negócio.

Sua declaração deve incluir três prioridades econômicas claras. Se todos conseguirem entender para onde a empresa está indo, e se esse destino puder ser mensurado com base em uma métrica quantificável, sua missão foi bem definida. Quando falamos em "mensurado com base em uma métrica quantificável", queremos dizer que os objetivos são melhor compreendidos quando expressos de maneira numérica.

Se, por outro lado, os colaboradores se sentirem confusos após lerem sua declaração ou, pior ainda, se tiverem dúvidas (que provavelmente não expressarão, por medo de parecerem ignorantes), isso significa que sua *Declaração de missão* não está clara e não incentivará sua equipe a seguir em frente.

Ao declarar objetivos numéricos, como "dobraremos nossa taxa de retenção de clientes" ou "aumentaremos nossa receita em 35% e ampliaremos nossa margem de lucro em 12%" ou, ainda melhor, "venderemos X unidades do produto Y", definimos uma métrica por meio da qual saberemos se cumprimos ou não nossa missão. Esse tipo de especificidade mensurável é essencial para abrir uma lacuna narrativa que as pessoas precisarão fechar por meio da ação.

Explicarei mais sobre quais devem ser suas três prioridades econômicas em breve; por ora, vamos analisar o segundo elemento necessário para criar tração narrativa.

Sua Declaração de missão deve incluir um prazo. Ao delegar uma tarefa importante, você também deve estabelecer um tempo para ela ser concluída. Você jamais contrataria um empreiteiro para construir uma casa sem concordar com um orçamento e um cronograma, certo? Afinal, a tarefa é importante. A missão do seu negócio não é também algo importante? Claro que sim.

Talvez uma das razões pelas quais a maioria das *Declarações de missão* não inclui um prazo seja a crença de que ela deve durar para sempre. Essa é uma das piores ideias quando se trata de criar tal declaração. Imagine, por exemplo, uma equipe esportiva declarando que sua missão é vencer o campeonato em algum momento nos próximos mil anos. Isso soaria ridículo, pois a ausência de um prazo real elimina qualquer senso de urgência.

Sua declaração pode (e deve) ser revisada periodicamente, pois toda missão possui um propósito final. Missões sem prazo definido não inspiram ação.

Outro fator que explica essa questão é o desconforto de lidar com a possibilidade de atingir (ou não) o objetivo. Contudo, quanto mais vaga for a declaração, mais difícil será avaliar se a missão foi cumprida.

Obviamente, uma *Declaração de missão* assim fracassa em seu propósito. Uma boa declaração define metas e datas realistas, em vez de objetivos vagos e prazos imprecisos que oferecem espaço para justificativas.

A terceira coisa que sua declaração precisa é de um "motivo" que justifique a importância da missão, que, por sua vez, precisa de um "porquê" a fim de realmente envolver você e sua equipe emocionalmente.

As pessoas não são motivadas apenas por dinheiro, vitórias e sucesso. Na verdade, às vezes, metas financeiras e numéricas (embora sejam fáceis de medir) causam desconforto. É importante garantir que a narrativa da missão seja maior do que fatores econômicos, de forma que a equipe consiga acompanhar o progresso.

Seres humanos são criaturas complexas. Somos movidos pelo desejo de realizar um trabalho que seja relevante. Queremos saber que nossa vida está fazendo a diferença. É fato que poderíamos ganhar mais dinheiro cuidando apenas de nossos próprios interesses, mas a maioria dos que estão lendo este texto busca construir um negócio que atenda aos clientes, mesmo que isso exija sacrifícios pessoais. Então, como podemos incluir um "porquê" em nossa *Declaração de missão?*

A resposta está em destacar o impacto que nossos produtos ou serviços têm na vida de nossos clientes.

Por exemplo, se você fosse dono de uma imobiliária e desejasse vender cem casas este ano, sua declaração poderia terminar com a frase: "porque toda pessoa merece morar em uma casa que ame".

Essa declaração representaria a razão pela qual seu trabalho tem importância. O que move um corretor de imóveis todos os dias é a possibilidade de alegrar a vida de seus clientes quando eles encontram o lar perfeito. Ajudar as pessoas a encontrarem uma casa é um trabalho importante. Quando o corretor de imóveis inclui um "porquê" em sua *Declaração de missão*, isso o inspira, assim como sua equipe, a realizar um trabalho ainda melhor e a fazê-lo com excelência.

Se você possuísse uma clínica odontológica, poderia dizer algo como: "porque, quando as pessoas amam seu sorriso, elas amam ainda mais a si mesmas e a vida que têm".

Incluir um "porquê" no final da sua declaração ajudará todos os envolvidos a entender por que a missão é importante.

Os três elementos que estabelecem uma linha narrativa

Um dos maiores desafios que todas as empresas enfrentam é a questão do engajamento. Como fazer com que nossos colaboradores se envolvam, de fato, no trabalho? E como atrair e reter os melhores do mercado?

Novamente, a melhor estratégia para engajar você e sua equipe é gerar uma tração narrativa em torno de sua missão. A tração narrativa ocorre quando sua *Declaração de missão* propõe uma história tão envolvente que as pessoas não conseguem esperar para descobrir o que acontecerá. Elas passam a se perguntar: "Superaremos nossos concorrentes?", "Lançaremos a nova fonte de receita?" ou "Dobraremos as vendas do produto X?".

Sua nova declaração propõe essa história e convida todos a participarem dela.

Uma fórmula que funciona

A melhor fórmula para elaborar uma *Declaração de missão* que inclui os três elementos necessários para criar tração narrativa é a seguinte: "Alcançaremos X fazendo Y por causa de Z".

Ao utilizar essa fórmula, você estabelece as bases econômicas do seu negócio, define prazos realistas que aumentam o senso de urgência e estabelece uma razão para a importância do trabalho. Juntos, esses três elementos criam uma narrativa inspiradora que estimula a ação de toda a equipe.

Agora que temos uma fórmula para criar uma *Declaração de missão* eficaz, criaremos uma para você, passo a passo.

Primeira etapa da *Declaração de missão*: defina três prioridades econômicas

Quando deixamos de lado toda a linguagem floreada que costumamos usar nas *Declarações de missão* e elaboramos coordenadas específicas que podem ser usadas para tomar decisões, todos a bordo do avião sabem para onde estamos indo e podem ajustar suas funções para garantir que tais objetivos sejam atingidos.

Mas o que devemos priorizar?

Para construir um negócio que seja sustentável, precisamos priorizar objetivos econômicos. Se a empresa não gerar lucro, o avião cairá. Se a empresa cair, a missão não será cumprida, os problemas dos clientes não serão resolvidos e toda a equipe perderá o emprego.

Essa catástrofe precisa ser evitada.

Poucas *Declarações de missão* incluem objetivos econômicos. Acredito que isso seja um erro. O propósito de uma empresa é gerar lucro enquanto cria valor para os clientes. Isso não deve ser algo escondido nas entrelinhas.

Sempre encontro colaboradores de pequenas empresas que acreditam que, se você cuidar bem dos clientes, o dinheiro cuidará de si mesmo.

Infelizmente, não é verdade. Tanto as necessidades dos clientes quanto a lucratividade da empresa precisam ser monitoradas o tempo todo. As leis do comércio, assim como as da física, não mudam. Se uma tripulação aérea for extremamente boa com seus clientes, mas o avião ficar sem combustível, a história terminará em tragédia da mesma forma.

Não se trata de viver em função do dinheiro, mas de entender que, sem dinheiro, o negócio não sobrevive. Estabelecer prioridades financeiras em nossa *Declaração de missão* nos permite definir metas claras para a segurança do nosso avião.

Lembre-se sempre de que você e sua equipe dependem do sucesso do negócio. Ele não pode cair.

Mantenha seu empreendimento sempre fundamentado nas realidades econômicas. Nem todo colaborador está disposto a estar em uma empresa para ganhar dinheiro. Alguns prefeririam dar produtos de graça e receber apenas gratidão como pagamento, e essa é uma receita certa para um acidente aéreo. Esses colaboradores veem o mundo dessa forma porque o negócio para o qual trabalham não pertence a eles. Não é o avião deles, é o seu avião; e, se eles derrubarem seu avião, podem simplesmente procurar outro emprego e derrubar o avião deles também. Ironia do destino, mesmo os colaboradores que "não são motivados por dinheiro" ainda esperam receber um salário.

Certifique-se de que a mentalidade de "não se importar com dinheiro" não prevaleça em sua pequena empresa. A verdade é que se importar com os clientes e com o resultado financeiro não são duas questões que se opõem uma à outra. Mais uma vez, mantenha seu empreendimento sempre fundamentado nas realidades econômicas.

Você e sua equipe devem falar abertamente sobre as prioridades econômicas

A principal razão para incluir três prioridades econômicas em sua *Declaração de missão* é normalizar conversas sobre finanças. Garanto que, quando você e seus colaboradores tratarem o dinheiro como algo normal no dia a dia, o retorno financeiro será maior para todos.

Nas conversas com a liderança, você deve constantemente fazer e responder a perguntas como:

- Quanto dinheiro estamos ganhando?
- Quão lucrativo é o negócio que estamos fazendo?
- Qual era nossa meta financeira para este mês ou trimestre?
- Alcançamos essa meta? Por que sim ou por que não?
- Como a empresa pode melhorar? Devemos mudar as prioridades econômicas em nossa *Declaração de missão*?
- Como estão indo os objetivos econômicos que não estão listados em nossa *Declaração de missão*?

Por que você deve incluir apenas três prioridades econômicas?

Sua pequena empresa pode ter vários objetivos econômicos. Eles podem incluir a venda de uma quantidade específica de unidades, a manutenção de uma margem de lucro predeterminada ou o aumento das vendas em uma determinada porcentagem. Na verdade, você deve ter várias metas econômicas. No entanto, na *Declaração de missão*, é recomendado limitar-se a apenas três porque o cérebro humano tem dificuldade em priorizar mais de três metas ao mesmo tempo. Como dizem: se você prioriza tudo, não está priorizando nada.

Independentemente disso, para a maioria das empresas, há geralmente três fatores econômicos que são determinantes para o sucesso. É possível que existam outros, e, de fato, será necessário lidar com eles. Entretanto, no que diz respeito à *Declaração de missão*, você deve priorizar somente três.

Caso sua empresa seja uma loja de varejo que comercializa centenas de produtos, uma alternativa é agrupar suas prioridades econômicas em categorias. Por exemplo, "vender 35 sacos de ração para cães por dia" é algo que impulsionará o crescimento geral. Você pode vender 20 marcas diferentes de ração para cães, mas, ao agrupar as vendas em uma categoria, sua equipe poderá trabalhar para alcançar esse objetivo. Se a meta não estiver sendo alcançada, seu time poderá criar uma exposição de destaque para as rações ou talvez enviar um e-mail para os clientes que possuem cães, a fim de informá-los sobre as opções disponíveis.

O que você perceberá é que, ao definir a missão de aumentar até três prioridades financeiras, você e sua equipe abrem uma lacuna narrativa financeira que precisa ser fechada. Em outras palavras, quando você inclui as prioridades financeiras na *Declaração de missão*, a missão se alinha com as realidades econômicas que trazem segurança e crescimento para a empresa.

Além das metas de vendas, é aceitável incluir também métricas antecipadas que levem a vendas futuras, algo como "X número de inscrições" ou "X número de endereços de e-mail que farão o download do nosso gerador de leads e entrarão em nosso funil de vendas". Embora essas metas não representem uma receita financeira imediata, estão relacionadas ao potencial de vendas, portanto, são quase tão valiosas quanto as metas financeiras. Por exemplo, webinars, eventos abertos e apresentações geralmente resultam em vendas, se forem projetados com esse objetivo.

Onde colocamos as prioridades financeiras em nossa *Declaração de missão?* Logo no início:

A primeira parte da sua declaração será: "Alcançaremos X". Esse X representa suas três prioridades econômicas.

Por exemplo: "Venderemos 100 unidades de X, 300 unidades de Y e 50 unidades de Z".

Ou: "Ajudaremos 42 clientes a vender suas casas, 53 clientes a comprar novas casas, e realizaremos 18 eventos de casa aberta".

É simples assim. Tudo o que você precisa fazer é identificar três objetivos financeiros que impulsionarão o crescimento do negócio, e então incluí-los em sua *Declaração de missão*.

Para obter o máximo de sua declaração, suas três prioridades econômicas devem:

- Ser específicas e mensuráveis;
- Contribuir para o aumento da receita da empresa;
- Contribuir para o aumento do lucro da empresa.

Será que aumentar as assinaturas em 20% impulsionará a receita e o lucro? Se sim, essa é uma estatística mensurável que pode ser incluída em sua *Declaração de missão*.

Agora, imagine um cenário em que você administra um restaurante e deseja que ele seja conhecido pelas suas sobremesas deliciosas. Em vez de colocar na *Declaração de missão* a frase "Seremos conhecidos por nossas sobremesas", o ideal seria declarar "Teremos 47 sobremesas servidas todas as noites". Um objetivo econômico como esse fará com que você e sua equipe comecem a pensar em estratégias para alcançar essa meta. Se você estiver vendendo apenas 20 sobremesas, sua equipe poderá começar a perguntar em cada mesa se os clientes gostariam de uma sobremesa ou, talvez, imprimir um menu de sobremesas separado e entregá-lo a cada mesa quando os clientes estiverem terminando o jantar. Mais uma vez, se você incluir prioridades econômicas em sua declaração, você e seus colaboradores serão instigados a pensar em maneiras de alcançar essas metas. Se sua declaração for vaga, ela não estimulará o tipo de criatividade necessário para fazer o negócio crescer.

Por que as três prioridades econômicas devem ser mensuráveis?

É importante que as três prioridades financeiras em sua *Declaração de missão* sejam mensuráveis, pois você precisa saber com clareza se cumpriu ou não a missão. Por exemplo, se a missão for "fazer os clientes felizes", isso é ótimo, mas também é extremamente subjetivo e anedótico.

O conceito de "clientes felizes" é algo difícil de mensurar. Em vez disso, diga que deseja "250 clientes retornando nos próximos 24 meses". Definir a prioridade econômica de uma forma que possa ser medida permite que você elabore e execute um plano para cumprir essa missão. Se falhar, não tem problema: identifique por que não atingiu a meta, ajuste seu plano, estenda o prazo e continue avançando.

Defina três prioridades econômicas para o seu negócio e você terá recursos adicionais para a folha de pagamento, benefícios e um aumento da conta de lucros da empresa, que poderá ser usada para fazer investimentos externos e aumentar sua riqueza pessoal.

Quais são as três prioridades econômicas que você deseja incluir em sua *Declaração de missão?*

Exemplos:

- **Uma cervejaria:** aumentaremos nossa distribuição de cerveja para mais 75 restaurantes, quatro novas redes de supermercados e 27 bares até tal data.

- **Uma revista:** aumentaremos nossa base de assinantes para 22 mil e o número de nossos anunciantes em 40%, e elevaremos o investimento médio em anúncios de clientes para 110 mil reais até tal data.

- **Uma empresa de consultoria:** atenderemos 30 novos clientes, venderemos cinco novos pacotes de retenção, e alcançaremos uma taxa de 98% de satisfação nas pesquisas de opinião dos clientes durante tanto tempo.

Brainstorm de prioridades econômicas

Escreva a primeira parte de sua *Declaração de missão* com a seguinte frase:

Nós alcançaremos:

____

____

____

____

Depois de completar sua declaração, você poderá copiá-la no Plano de voo para pequenas empresas.

Sinta-se à vontade para mudar sua Declaração de missão

A maioria das grandes empresas não tem a flexibilidade de alterar sua *Declaração de missão* em tempo real, mas você não administra uma grande empresa. Não há motivo para não atualizar sua declaração periodicamente.

Sua declaração não é um documento legal; ela foi projetada para criar tração narrativa e inspirar ação, para que você e seus colaboradores não percam o foco ao longo do caminho. Se suas três prioridades econômicas não estiverem gerando clareza e foco, mude a declaração. Basta reunir sua equipe e discutir o que precisa ser alterado. Nós, por exemplo, mudamos nossas três prioridades várias vezes antes de acertarmos os objetivos que agora impulsionam nosso crescimento. Além disso, nosso prazo raramente ultrapassa 18 meses, portanto, nossa *Declaração de missão* é revisada e ajustada pelo menos a cada 18 meses.

Quando você deve mudar sua declaração? A resposta é simples. Existem duas situações principais que justificam a revisão da declaração. Primeiramente, quando você tiver cumprido toda ou parte da missão. E quando perceber que sua declaração não está inspirando ninguém. Continue editando sua declaração até ela inspirar uma missão, e então mantenha-a em curso.

Agora que a equipe compreende as prioridades econômicas que orientam o destino da empresa e pode ajudá-lo a elaborar um plano de voo, falaremos sobre como aumentar a urgência para a execução dessa missão.

Segunda etapa da *Declaração de missão*: estabeleça um prazo para suas prioridades financeiras

Quando contadores de histórias e roteiristas querem deixar uma narrativa mais envolvente, eles inserem um prazo. Não é a mesma coisa dizer que o herói deseja se casar com a mulher que ama e afirmar que ela se casará com o babaca do irmão dele em menos de uma semana. A inclusão de um prazo torna a história mais interessante.

Uma das séries de televisão mais populares de todos os tempos foi baseada em uma contagem regressiva de 24 horas, com o relógio lentamente marcando o tempo restante. Milhões de pessoas assistiram Kiefer Sutherland tentando impedir os vilões antes que o relógio chegasse a zero.

Um cronômetro é uma ótima ferramenta para aumentar a intensidade e o senso de urgência, tanto para você quanto para sua equipe, no cumprimento dos três objetivos financeiros.

Depois de definir seus três objetivos econômicos, inclua a data em que devem ser atingidos como a próxima parte de sua *Declaração de missão*.

Quando você estabelecer um prazo, sua declaração ficará assim: "Nós alcançaremos [1º objetivo], [2º objetivo] e [3º objetivo] até [uma data específica]".

Os três objetivos devem ter o mesmo prazo. A ideia é definir uma data em que possam ser alcançados e, em seguida, revisar e atualizar sua declaração para continuar gerando crescimento.

É raro ver prazos em uma *Declaração de missão*, e esse é mais um motivo pelo qual a maioria das declarações é ineficaz.

Prazos ajudam as pessoas a entenderem que um projeto é urgente.

- O produto deve estar nas prateleiras dentro de 12 meses.
- A dívida deve ser quitada em até três anos.
- O novo colaborador deve estar totalmente integrado à equipe em até 90 dias.

O que fazer quando o prazo for atingido? Boa pergunta. Ou você aprende com o fracasso ou celebra o cumprimento da missão. Depois, você edita sua *Declaração de missão* para que ela continue relevante e impulsione o crescimento da empresa.

Quanto tempo devemos nos dar para cumprir nossa missão?

Não é uma má ideia alterar os objetivos econômicos, juntamente com o prazo, a cada um ou dois anos. Se o prazo em sua *Declaração de missão* for superior a dois anos, você provavelmente perderá o senso de urgência.

Os seres humanos tendem a ver sua vida futura como se pertencesse a outra pessoa. Embora possam pensar no futuro, as pessoas vivem no presente e, normalmente, se preocupam apenas com o agora e, talvez, com o dia seguinte, mas nada além disso.

Um prazo de um a dois anos não é muito longo a ponto de perder sua importância.

Exemplos:

- **Uma cervejaria:** aumentaremos nossa distribuição de cerveja para mais 75 restaurantes, quatro novas redes de supermercados e 27 bares *até o final do ano fiscal.*

- **Uma revista:** aumentaremos nossa base de assinantes para 22 mil, nossos anunciantes em 40% e o investimento médio em anúncios de clientes para 110 mil reais *dentro de dois anos.*

- **Uma empresa de consultoria:** atenderemos 30 novos clientes, venderemos cinco novos pacotes de retenção e alcançaremos uma taxa de 98% de satisfação dos clientes em pesquisas de opinião *até 31 de dezembro.*

Reserve um momento, sozinho ou com sua equipe, para pensar no prazo mais adequado para atingir seus três objetivos econômicos. Quando o prazo for definido, adicione-o à sua *Declaração de missão.*

Então, finalize-a lembrando a si mesmo e seus colaboradores por que alcançar esses objetivos é importante. Responderemos agora à pergunta: “Por quê?”.

Terceira parte da *Declaração de missão*: explique por que a missão é importante

Uma declaração como "Nós cortaremos a grama de mais de 300 famílias até o final do ano" é, sem dúvida, um bom ponto de partida. Contudo, para finalizá-la, é necessário adicionar um motivo: "porque todos merecem chegar em casa e encontrar um gramado bem-cuidado".

Essa simples adição do "porquê" oferece a você e sua equipe uma ótima razão para cumprir a missão, além de lembrar a todos por que estão nesse negócio. De fato, o "porquê" de uma *Declaração de missão* é a verdadeira missão. Sem um motivo, tudo o que você tem é uma meta — e metas, por si só, não inspiram expansão e crescimento.

Uma missão é muito mais importante do que uma meta, e ela se concretiza quando aceitamos o desafio de melhorar a vida de nossos clientes.

Existem dois elementos que sua declaração pode incluir para transformar seus objetivos em uma missão:

1. **Uma visão de um mundo melhor:** especifique como o mundo será melhor se você cumprir a missão. O que as pessoas verão? Como elas se sentirão?
2. **Um contra-ataque a uma injustiça:** descreva um sofrimento com o qual as pessoas não precisarão mais lidar se você cumprir a missão. Que problema será corrigido?

Ao explicar o "porquê", sua missão ganha propósito, e tanto você quanto sua equipe se sentirão motivados por essa causa.

Exemplos:

- **Uma cervejaria:** aumentaremos nossa distribuição de cerveja para mais 75 restaurantes, quatro redes de supermercados e 27 bares até o final do ano fiscal, *porque todos merecem ter acesso à sua cerveja favorita.*

- **Uma revista:** Aumentaremos nossa base de assinantes para 22 mil, nossos anunciantes em 40% e o investimento médio em anúncios de clientes para 110 mil reais dentro de dois anos, *porque o bom jornalismo pode salvar o país.*

- **Uma empresa de consultoria:** Atenderemos 30 novos clientes, venderemos cinco novos pacotes de retenção e alcançaremos uma taxa de 98% de satisfação dos clientes nas pesquisas de opinião até 31 de dezembro, *porque todos merecem ajuda para fazer sua empresa crescer.*

Qual é o seu "porquê"? Qual é o propósito por trás da sua missão? Finalize sua *Declaração de missão* com uma razão para agir e, assim, você e sua equipe se comprometerão a fazer exatamente isso.

Junte as três partes para criar a *Declaração de missão* perfeita

A *Declaração de missão* deve definir até três prioridades financeiras, estabelecer um prazo e descrever o motivo pelo qual a missão é importante. Se você fizer isso em sua declaração, toda a sua equipe saberá qual visão promover e entenderá a importância do trabalho.

Pode demorar um pouco para você aperfeiçoar sua declaração. Sinta-se à vontade para escrevê-la e editá-la. Peça paciência e compreensão à sua equipe enquanto, juntos, vocês fazem as alterações necessárias nas prioridades, prazo e motivo, até que a declaração gere uma narrativa impactante.

O objetivo da *Declaração de Missão* nunca foi servir de checklist e deixar palavras vazias em uma página, mas, sim, inspirar você e sua equipe a fazer parte de uma história que todos considerem significativa.

Todos os contadores de histórias revisam suas tramas para torná-las mais interessantes. Faça o mesmo com sua *Declaração de missão*. Quando você finalmente tiver sua declaração escrita, será hora de incorporá-la em sua própria mente e na de todos que estarão trabalhando para cumprir a missão proposta.

O que fazer com sua *Declaração de Missão* após escrevê-la?

Outro erro que muitos líderes cometem com a *Declaração de missão* é escrevê-la, lê-la algumas vezes e depois arquivá-la. Na melhor das hipóteses, ela é mencionada em um pequeno texto no site da empresa ou talvez em um folheto de RH entregue aos novos funcionários.

Se você e seus colaboradores não conseguirem se lembrar da declaração, também não conseguirão se lembrar da missão.

Depois de escrever sua declaração, você deve lançar uma campanha de comunicação que ajude você e sua equipe a agir com base no que foi escrito. E todos sabemos o que é necessário para lembrar de algo: repetição.

Aqui estão quatro maneiras de ajudar sua equipe a se lembrar da missão:

1. Comece suas reuniões gerais lendo a *Declaração de missão*.
2. Reconheça, mensal ou trimestralmente, um membro da equipe que esteja promovendo a missão. Conte o que essa pessoa tem feito como uma forma de destacar o colaborador e a missão.
3. Peça aos potenciais contratados que leiam a *Declaração de missão* e escrevam por que essa missão é importante para eles.
4. Tenha a declaração escrita na parede de sua empresa e faça uma produção (e uma celebração) ao alterá-la à medida que a missão for sendo ajustada.

A ideia é tratar a *Declaração de missão* como o enredo de uma história e lembrar sua equipe dessa história sempre que tiver a chance.

Depois de escrever sua declaração, você estará a um terço do caminho para estabelecer os *Princípios orientadores* que servirão como a base da sua empresa.

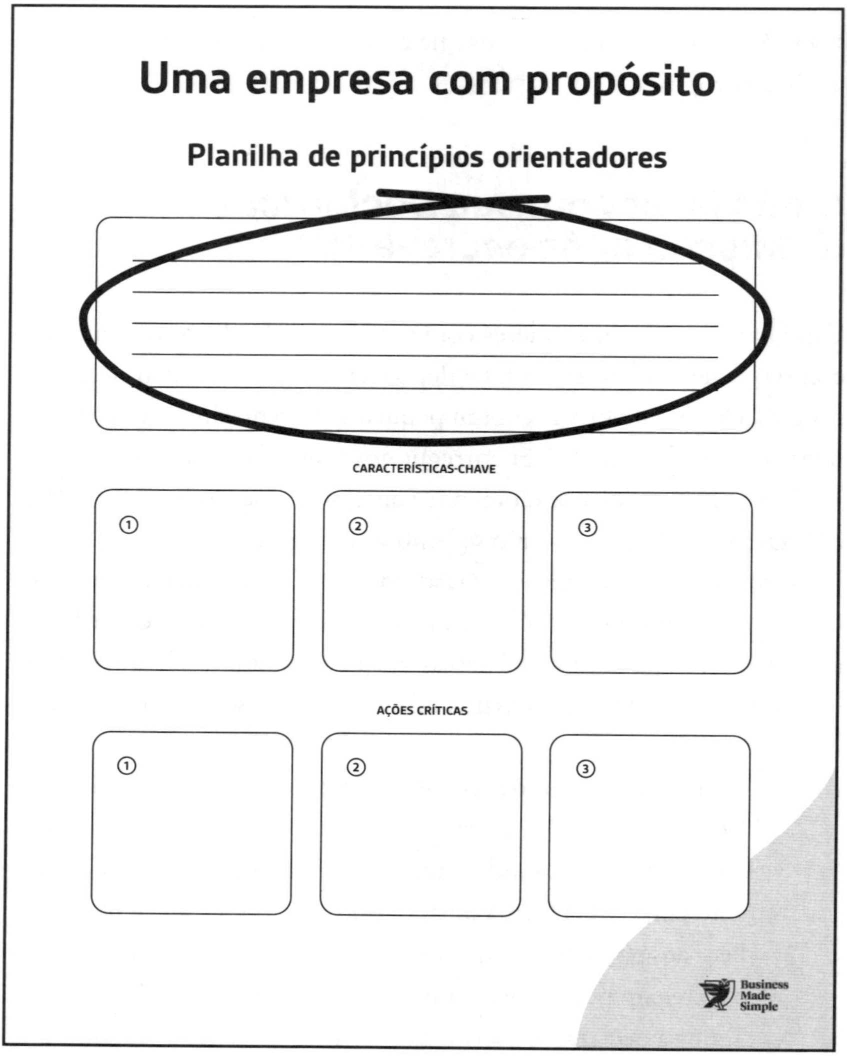

Uma empresa com propósito

Planilha de princípios orientadores

CARACTERÍSTICAS-CHAVE

① ② ③

AÇÕES CRÍTICAS

① ② ③

Business Made Simple

Acesse a versão digital preenchível em SmallBusinessFlightPlan.com

Em seguida, definiremos o tipo de pessoa que você precisará recrutar (e se tornar) para cumprir a missão. Definiremos, portanto, suas características-chave.

Assim que concluir sua Declaração de Missão, *copie-a na* Planilha de princípios orientadores *em seu* Plano de voo para pequenas empresas.

PRIMEIRA ETAPA:
PARTE DOIS

Defina suas características-chave

Quase toda história que você ama gira em torno de um ou vários personagens que precisam superar obstáculos para conseguir o que desejam. O que realmente nos encanta não é o simples fato de o herói conseguir o que quer, mas sim que ele se transforma em uma versão melhor de si mesmo para conseguir o que quer.

Os seres humanos são fascinados por esse tipo de coisa. Somos obcecados por histórias de superação. Seja assistindo a um programa de TV sobre alguém que conseguiu uma ótima forma física ou a um documentário sobre uma criança órfã que cresceu e se tornou presidente, nos sentimos inspirados e motivados pela possibilidade de também passarmos por esse tipo de transformação.

Os seres humanos são ativos, dinâmicos e estão em constante mudança. Aprendemos, crescemos e nos transformamos à medida que vivemos.

Mas como, exatamente, uma pessoa se transforma? O que a leva a mudar? O que causa tal transformação?

A transformação ocorre quando as pessoas desejam algo que exige uma versão melhor de si mesmas. Seja quando desejamos ter uma relação saudável e percebemos que precisamos buscar a ajuda de um conselheiro, ou quando queremos escalar uma montanha e, por isso, nos propomos a nos transformar fisicamente em uma pessoa capaz de tal façanha, mudamos quando nos envolvemos com algo que está além de nossa capacidade atual.

Ao escrever sua *Declaração de missão*, você não convidou a si mesmo e a outros para uma história apenas, mas também para se tornarem o tipo de pessoa capaz de realizar essa missão.

Na verdade, o que os melhores profissionais mais desejam é trabalhar para uma empresa que os ajude a crescer. Se sua *Declaração de missão* for inspiradora, eles enxergarão essa oportunidade em sua empresa.

Você e sua equipe precisarão desenvolver certas características para cumprir sua missão. No seu conjunto de *Princípios orientadores*, essas características são chamadas de características-chave.

Elas podem ser vistas como "valores centrais", mas vão além disso. Enquanto os valores centrais — como integridade — são importantes, eles podem ser abstratos demais para se traduzirem em ações práticas. Além disso, integridade é um valor humano universal; sem ela, uma pessoa provavelmente acabará na prisão. As características-chave, por outro lado, são mais específicas, e definem habilidades e traços de personalidade necessários para que alguém possa trabalhar em sua empresa.

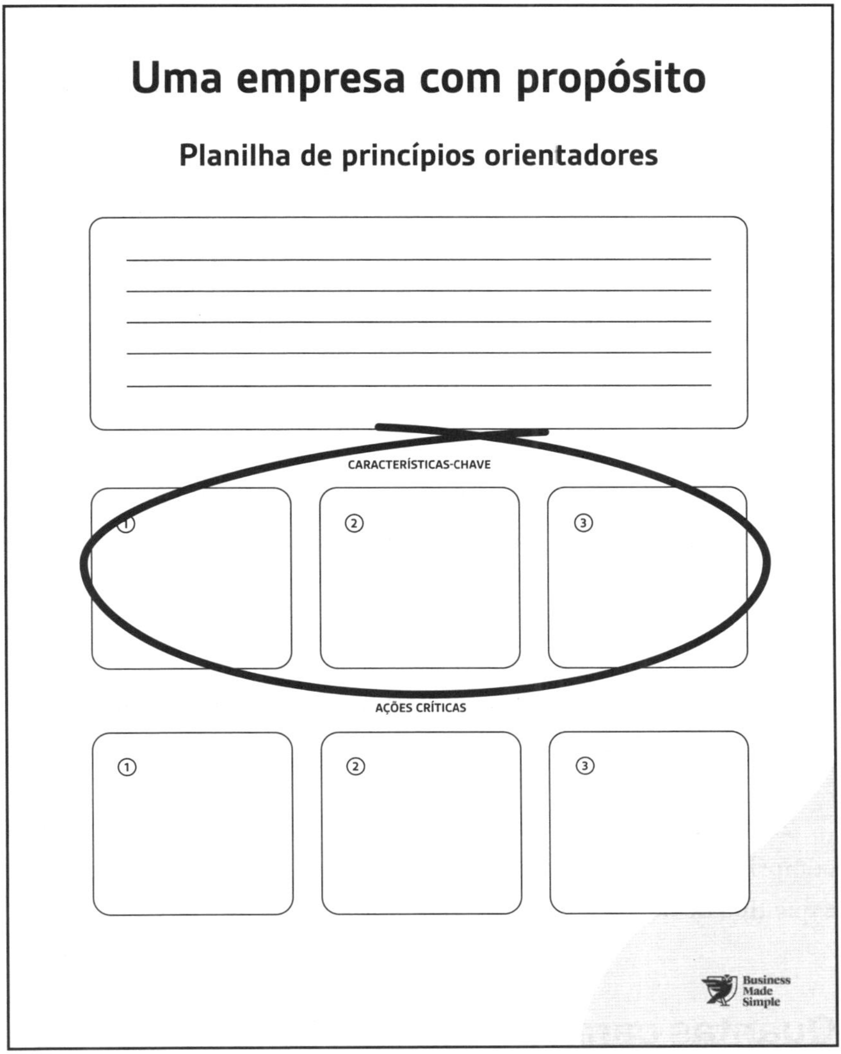

Acesse a versão digital preenchível em SmallBusinessFlightPlan.com

Por exemplo, se você for um engenheiro de softwares, talvez precise de colaboradores que sejam obcecados por simplificar a interface do usuário. Se for dono de uma loja de animais, com certeza desejará funcionários que amem animais.

Quando você transforma seus valores centrais em características-chave específicas, fica mais fácil identificar o que você precisa desenvolver em si mesmo e procurar em novas contratações.

Se você perguntar a um candidato se ele tem integridade, é óbvio que ele responderá que sim. O mesmo acontecerá se perguntar a um candidato a uma loja de animais se ele ama animais. Mas, se você perguntar a um candidato o que ele já fez que demonstra seu amor pelos animais, terá uma chance muito maior de descobrir se está diante da pessoa certa para a vaga.

Aqui estão três perguntas a serem feitas ao determinar suas características-chave:

1. Quais características específicas cada um de nós precisará para criar (ou vender) produtos que resolvam os problemas de nossos clientes?
2. Quais características precisaremos para continuar avançando quando os desafios parecerem avassaladores?
3. Quais características precisaremos para estabelecer uma cultura segura e encorajadora?

Ao definir as características-chave que precisará incorporar para cumprir sua missão, você determina em quem precisará se transformar e que tipo de pessoas precisará contratar.

Quantas características-chave devemos listar?

Para cumprir sua missão, você e os membros da sua equipe provavelmente precisarão incorporar uma série de traços de caráter. De fato, diferentes departamentos podem necessitar de características-chave distintas.

Se você quiser simplificar os *Princípios orientadores*, no entanto, recomendamos que inclua apenas três características-chave em sua lista. Elas devem ser específicas o suficiente para orientar suas decisões de contratação, mas universais o suficiente para serem verdadeiras para todos na sua organização.

Aqui estão três bons exemplos de características-chave para um restaurante:

1. Amamos pessoas e gostamos de servi-las.
2. Somos obcecados por comida saborosa.
3. Permanecemos calmos sob pressão.

Observe o quão específicas são essas características-chave. O restaurante não optou por dizer que é "centrado no cliente". Eles disseram: "Amamos pessoas e gostamos de servi-las". Como eles definiram a atitude a se ter ao interagir com os clientes, os funcionários sabem como devem agir. Ser otimista, por exemplo, não garante que alguém saberá tratar bem as pessoas, mas se formos "cordiais ao lidar com os outros", dificilmente trataremos mal alguém.

Da mesma forma, ser obcecado por comida saborosa garante que todos na equipe estejam atentos ao frescor dos ingredientes, à pontualidade na entrega dos pratos e à qualidade do que é servido. Qualquer prato que não pareça bom volta para o chef revisar. Por quê? Porque, ao serem obcecados por comida saborosa, todos estão comprometidos com o aprendizado contínuo e com a busca por novas formas de tornar a comida ainda mais deliciosa.

Por fim, se o restaurante quiser crescer, os funcionários precisarão manter a calma sob pressão. Esta é uma característica crucial. Ela leva os membros da equipe a se desenvolverem, crescerem e se tornarem o tipo de pessoa que permanece calma diante de situações difíceis. Essa característica-chave estabelece uma identidade aspiracional. Quando a pressão aumenta, o líder pode relembrar a equipe da importância de permanecer calma — um traço que, ao longo do tempo, se torna parte da identidade coletiva. Além disso, ao desenvolver essa capacidade, a equipe encontra formas mais eficazes de organizar a cozinha, agilizar os pedidos e dar atenção individual aos clientes, mesmo quando o restaurante está cheio.

Mais importante ainda, essas três características contribuem para o alcance dos objetivos financeiros do restaurante. Pense bem: se você entrasse em um restaurante com uma equipe incrivelmente cordial, que servisse uma comida saborosa e que nunca ficasse sobrecarregada a ponto de deixar de lhe dar atenção personalizada, você não voltaria lá? Com certeza. Esse restaurante crescerá, sem dúvida, porque a equipe definiu o tipo de pessoa que precisaria se tornar para cumprir sua missão e, em seguida, começou a se transformar nele.

Aqui estão alguns exemplos de características-chave que diferentes tipos de negócios poderiam escolher:

Representante de produto de marketing:

1. Adora se conectar com pessoas.
2. Acredita que seu produto pode mudar vidas.
3. É alguém resiliente.

Consultor financeiro:

1. Sempre coloca o cliente em primeiro lugar.
2. Consegue explicar investimentos complicados de forma clara.
3. Gosta de ajudar famílias a deixarem um legado.

Consultor:

1. Excelente em transformar conhecimento teórico em soluções práticas.
2. Adora se conectar com pessoas.
3. É obcecado por resolver os problemas dos clientes.

Agora é a sua vez de definir suas características-chave. Quais três características você e seus colaboradores precisarão incorporar para cumprir sua missão?

Faça uma sessão de *brainstorming* para definir as características-chave que vocês precisarão incorporar para cumprir a missão. Quando decidir as três principais, copie-as no seu *Plano de voo para pequenas empresas*.

Características-chave:

____

____

____

Agora que você já sabe suas três prioridades econômicas, bem como o tipo de pessoa que precisa se tornar para alcançar seus objetivos financeiros, falaremos sobre quais ações precisam ser tomadas para que consiga cumprir a missão.

PRIMEIRA ETAPA: PARTE TRÊS

Determine suas ações críticas

Elaborar um conjunto de *Princípios orientadores* será, provavelmente, uma das experiências mais inspiradoras que você terá como proprietário de uma pequena empresa. Poucas coisas são tão incríveis quanto dedicar um tempo para sonhar com o futuro. No entanto, você cometeria um grande erro se parasse no sonho. Para cumprir sua missão, será necessário agir.

Poucos modelos de princípios incluem ações críticas, mas acredito que elas são quase tão importantes — ou até mais importantes — do que as características-chave. Se a missão não sair do papel e se traduzir em ações práticas, não causaremos nenhum impacto.

Na seção de ações críticas da sua *Planilha de princípios orientadores*, você definirá três ações que cada membro de sua equipe poderá realizar quase todos os dias e que moverão o negócio na direção de seus três objetivos financeiros.

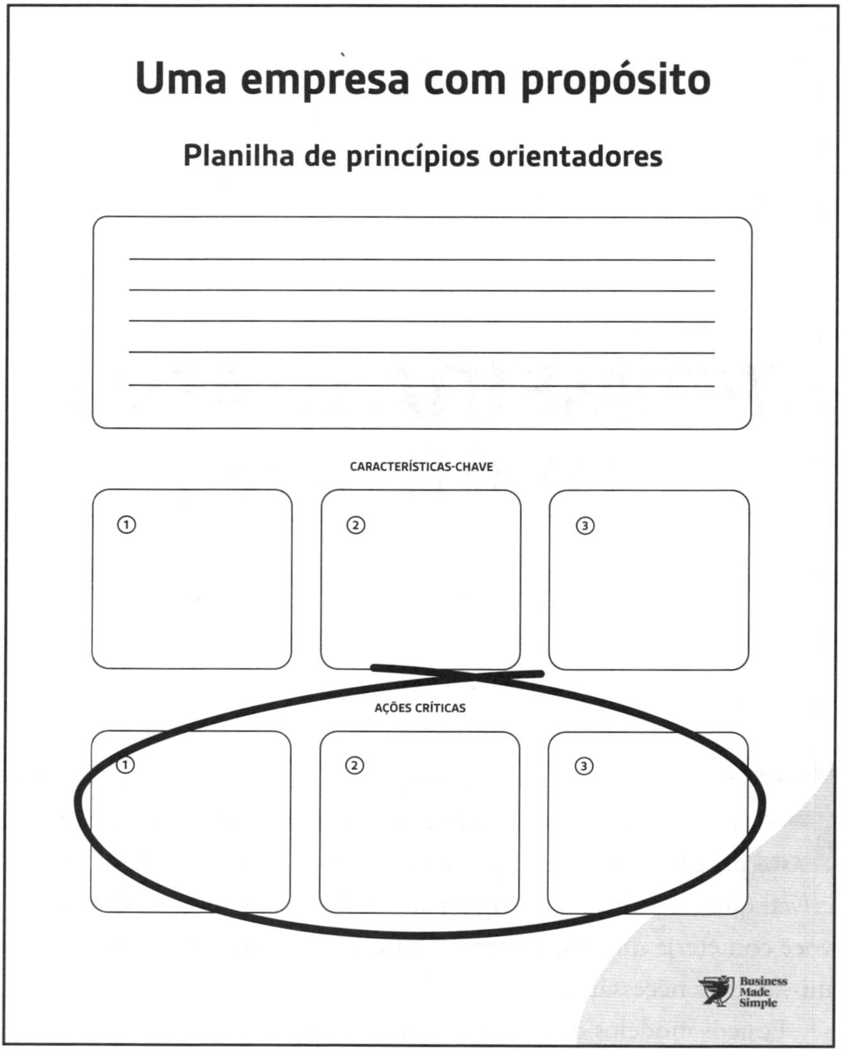
Uma empresa com propósito

Planilha de princípios orientadores

CARACTERÍSTICAS-CHAVE

① ② ③

AÇÕES CRÍTICAS

① ② ③

Business Made Simple

Acesse a versão digital preenchível em SmallBusinessFlightPlan.com

Se você for o único funcionário de sua empresa, esse exercício será simples. Basta definir três ações que, se realizadas todos os dias, levarão você em direção à sua missão.

Se tiver uma equipe pequena, a intenção será encontrar três ações que todos possam executar juntos. O mesmo princípio se aplica a empresas com 30, 40 ou até 400 funcionários.

Ao definir suas ações críticas, o objetivo é pensar em hábitos diários que impulsionem a missão. Se a maioria dos colaboradores desenvolver três hábitos que afetam diretamente o resultado financeiro, o negócio terá grandes chances de prosperar.

Que tipo de ações deve ser definido como crítico?

Suas três ações críticas devem apresentar duas características:

1. Quase todos os colaboradores podem realizá-las.
2. Elas devem contribuir diretamente para o cumprimento da missão.

Voltemos ao exemplo do restaurante. Se todos os colaboradores tivessem o hábito de perguntar aos clientes se eles já experimentaram "as deliciosas sobremesas da casa", não há dúvida de que o restaurante venderia mais sobremesas. Da mesma forma, caso se revezassem para limpar o banheiro a cada hora, a sensação de limpeza no restaurante seria maior. Essas duas ações críticas impactariam a receita da empresa e a experiência geral do cliente.

Além disso, se uma das ações críticas for que a equipe se reveze para oferecer chá às pessoas que aguardam na fila para entrar, o resultado seria ainda mais clientes encantados, o que geraria bons comentários sobre o restaurante.

A palavra "quase" é importante quando dizemos que "quase" todos os colaboradores podem realizar "quase" todas as ações críticas diariamente. Isso porque, na prática, é bem provável que o chef que está na cozinha não ofereça chá aos clientes. No entanto, mesmo o chef, ao passar pela área de jantar e interagir com as famílias nas mesas, poderia perguntar se já experimentaram as deliciosas sobremesas e, quem sabe, responder a algumas perguntas sobre o bolo de chocolate alemão.

Use suas ações críticas para criar uma cultura de excelência

Quando você agradece a qualquer membro da equipe do Chick-fil-A[1], ele responde com a frase: "é um prazer". A ideia de que é um prazer servir os clientes é demonstrada por meio da ação crítica de dizer essa frase e, dessa forma, cria uma cultura de atendimento focada no bem-estar do cliente.

Suas ações críticas podem desempenhar um papel fundamental na criação de uma cultura forte, ainda mais se a maior parte dos seus funcionários estiver realizando essas ações todos os dias.

Quando as pessoas fazem as mesmas coisas juntas, elas desenvolvem um laço coletivo que as transforma em uma verdadeira tribo. Basta observar qualquer jogo de futebol universitário para ver as ações críticas realizadas pelos torcedores nas arquibancadas. Seja um grito de torcida específico, uma dança sincronizada ao som de uma música em um momento específico do jogo, ou uma vaia coletiva ao árbitro após uma decisão impopular, essas ações criam uma conexão tribal que faz com que o grupo se sinta unido.

Além de promover um senso de pertencimento, as ações críticas realizadas por você e quase todos os seus colaboradores amplificam a mensagem que suas ações transmitem ao mundo. Por exemplo, imagine que uma imobiliária adote como ação crítica "assinar um cartão de agradecimento" para cada cliente que compra uma casa. Essa prática reforçará a mensagem de que o escritório valoriza seus clientes e celebra essa grande conquista deles. Essa simples ação crítica trará muitos benefícios. Ela permitirá que todos no escritório saibam que mais uma casa foi vendida e os lembrará da transformação na vida do cliente quando ele passa a morar em sua nova

[1] Chick-fil-A é uma rede americana de fast-food especializada em sanduíches de frango. Fundada em 1946, a rede opera mais de 3.000 restaurantes nos Estados Unidos, Porto Rico e Canadá. [N.T.]

casa. Além disso, será mais uma interação agradável e atenciosa com os clientes, o que poderá gerar indicações para essa imobiliária.

Teste suas ações críticas até encontrar três que se encaixem

Não complique suas ações críticas. Se você tentar encontrar as ações perfeitas, provavelmente ficará frustrado. A verdade é que existem milhares de excelentes ações críticas que podem contribuir para o crescimento da sua pequena empresa. O objetivo é identificar três que tenham um impacto significativo, para que possam se transformar em hábitos e impulsionar o negócio.

Uma ação crítica pode ser algo simples como "realizamos uma reunião em pé todas as manhãs para definir as metas do dia" ou "revisamos nossa lista de clientes diariamente para identificar alguma necessidade deles antes de chegarem". Se você pensar bem, essas duas podem levar a um sucesso considerável. Quando você define suas metas dia após dia, suas chances de atingi-las aumentam. Da mesma forma, ao compreender as necessidades dos clientes, você constrói uma boa conexão com eles, o que favorece seu retorno e a indicação de seus serviços.

Teste suas ações críticas e substitua as que não estejam ganhando tração com você e seus funcionários. Esse processo pode levar algum tempo, mas logo você notará que as ações críticas realizadas estarão impulsionando seu empreendimento e se transformando em hábitos que definem a cultura da empresa.

Exemplos:

Padaria:

1. Oferecemos uma degustação grátis para todos que entram pela porta.
2. Verificamos a data de validade de todos os ingredientes na despensa.
3. Limpamos nossa área de trabalho de uma em uma hora.

Empresa de manufatura:

1. Usamos capacetes e luvas de proteção o tempo todo.
2. Mantemos nosso espaço de trabalho limpo.
3. Revisamos o progresso de ontem e escrevemos nossas metas no início de cada turno.

Microempreendedor com plataforma de aprendizado online:

1. Ligo para cada novo cliente e agradeço pelo pedido.
2. Crio uma nova postagem no Instagram por dia, oferecendo um valor incrível.
3. Preencho minha agenda todas as manhãs e decido qual conteúdo preciso criar naquele dia.

Tire algum tempo para identificar três ações críticas que você e seus colaboradores podem realizar e que contribuirão para o cumprimento de sua *Declaração de missão.*

Faça um *brainstorming* de ações críticas e, quando decidir as três principais, copie-as em sua *Planilha de princípios orientadores* em seu *Plano de voo para pequenas empresas.*

Suas três ações críticas:

____

____

____

Nas páginas a seguir, você verá exemplos de como três empresas preencheram sua *Planilha de princípios orientadores.*

Exemplo B2C[2]: **Confeitaria *Wedding Cake***

Uma empresa com propósito

Planilha de princípios orientadores

DECLARAÇÃO DE MISSÃO

Venderemos 250 bolos de casamento, criaremos um novo sabor todo mês e atrairemos 2.500 novos leads até o final do ano, porque todos merecem um bolo para impressionar em seu casamento.

CARACTERÍSTICAS-CHAVE

①	②	③
É criativo	Aprende uma nova técnica de decoração todo mês	Mantém seu local de trabalho limpo e organizado

AÇÕES CRÍTICAS

①	②	③
Cumprimenta todos com um sorriso e uma amostra grátis	Aprende novas técnicas de decoração	Sua primeira resposta a uma dificuldade é: "Obrigado, vamos encontrar uma solução."

Business Made Simple

Acesse a versão digital preenchível em SmallBusinessFlightPlan.com

[2] B2C (*Business to Consumer*) refere-se ao modelo de negócios em que as empresas comercializam produtos ou serviços diretamente para o consumidor final, sem intermediários. Esse tipo de transação é comum no comércio eletrônico, lojas de varejo, plataformas de streaming e outros serviços digitais. [N.T.]

Exemplo B2B[3]: ***Cybersecurity Solutions***

Uma empresa com propósito

Planilha de princípios orientadores

DECLARAÇÃO DE MISSÃO

Faremos 100 novas auditorias de segurança, criaremos pacotes de segurança para 50 novos clientes, e manteremos 250 assinantes mensais até o final do ano, porque proteger sua empresa de ataques cibernéticos não deve parecer uma missão impossível.

CARACTERÍSTICAS-CHAVE

① Pensa como um hacker

② Tem forte senso de justiça

③ É competitivo e gosta de vencer

AÇÕES CRÍTICAS

① Entrega seu trabalho dentro do prazo

② Vai além do que está descrito em sua função

③ Preenche o relatório diário todos os dias

Business Made Simple

Acesse a versão digital preenchível em SmallBusinessFlightPlan.com

[3] B2B (*Business to Business*) é o modelo de negócios em que as transações comerciais ocorrem entre empresas, ou seja, uma empresa vende produtos ou serviços para outra, e não para o consumidor final. Esse tipo de relação é comum em setores industriais, distribuidores, atacadistas e prestadores de serviços especializados. [N.T.]

Exemplo de organização sem fins lucrativos: ***Home Building***

Uma empresa com propósito

Planilha de princípios orientadores

DECLARAÇÃO DE MISSÃO

Recrutaremos patrocinadores financeiros para construir 50 casas, encontraremos 50 famílias que atendam aos critérios para se tornarem beneficiárias, e firmaremos parcerias com cinco empresas de nível Diamante até o final do ano fiscal, porque toda família merece se sentir segura com um teto sobre a cabeça e comida na mesa.

CARACTERÍSTICAS-CHAVE

① É atento às necessidades de famílias carentes

② Tem um olhar para a excelência no ramo de construção e desenvolvimento

③ Aparece no horário e pronto para trabalhar

AÇÕES CRÍTICAS

① Compartilha nossa missão com todos que encontra

② Memoriza as histórias das famílias e as compartilha

③ Pede corajosamente que possíveis doadores se juntem à nossa missão

Business Made Simple

Acesse a versão digital preenchível em SmallBusinessFlightPlan.com

O que fazer com seus *Princípios orientadores* após elaborá-los

Agora que você já escreveu sua *Declaração de Missão*, suas características-chave e suas ações críticas, é hora de reunir tudo isso em sua *Planilha de princípios orientadores*.

Aqui estão algumas estratégias para garantir que você e seus funcionários sigam tais princípios e cumpram a missão:

- Revise os princípios orientadores em reuniões gerais toda semana.
- Elogie todos que incorporam as características-chave.
- Tenha os princípios da empresa pintados em uma parede no local de trabalho.
- Revise e edite-os em uma reunião semestral com sua equipe de liderança.
- Anuncie quaisquer novas edições ou mudanças com entusiasmo.
- Crie vídeos que expliquem (e ilustrem) os princípios para que os novos contratados possam compreendê-los.
- Inclua os princípios em todo material de recrutamento.

Parabéns! Agora que você elaborou seus *Princípios orientadores* usando a planilha *Uma empresa com propósito*, você tem uma base sólida para construir sua pequena empresa. Proporcionar uma visão envolvente, definir características-chave e implementar ações críticas transformará você e sua equipe de liderança em guias confiáveis, prontos para ajudar todos no quadro de funcionários a cumprir a missão e ser bem-sucedidos.

Depois de aplicar a planilha e se sentir confortável para avançar, comece a trabalhar na segunda etapa: *Torne sua propaganda mais clara*.

— CAPÍTULO 2 —

MARKETING

SEGUNDA ETAPA:
A TURBINA DA DIREITA

Torne sua propaganda mais clara com o modelo StoryBrand[1]

A segunda etapa ajudará você a resolver os seguintes problemas:

- Você não sabe exatamente como falar sobre seus produtos para que sejam vendidos.
- Seu site e materiais de marketing não estão gerando vendas.
- Os clientes não estão divulgando sua marca.
- Suas redes sociais não têm uma ideia central bem-definida.
- Você ainda não criou uma base de clientes fiéis à sua marca.
- Quando você fala sobre seus produtos, as pessoas ficam confusas.

[1] Método que propõe uma abordagem de marketing baseada na estrutura de histórias, na qual o cliente é o herói e a marca assume o papel de guia. Inspirado na jornada do herói de Joseph Campbell, o método é fundamentado em sete elementos principais: o herói (cliente), o problema, o guia (marca), o plano, o chamado à ação, a evitação do fracasso e o sucesso. [N.T.]

Se você já leu meu livro Building a StoryBrand (Construindo uma StoryBrand), *este será o único capítulo que funcionará como uma revisão. Todo o restante do livro trará conteúdo novo para você. Dito isso, não pule a segunda etapa. Revisar e refinar o motor de marketing é crucial para aumentar o impulso e tirar o avião do chão.*

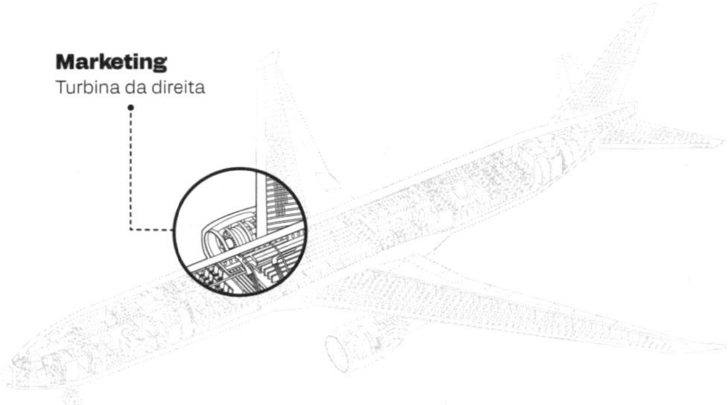

A primeira coisa que quase todo mundo faz ao começar um pequeno negócio é contratar alguém para desenhar um logotipo e criar a paleta de cores. Empolgados com o resultado, fazem estampas em bonés, canecas, mochilas, e distribuem esses brindes para amigos e familiares. No entanto, essa prática não se traduz em vendas. Acertar na identidade visual sem fazer marketing de verdade é como pintar um avião que ainda não foi projetado para voar.

Quantas vendas um bom logotipo e brindes geram? Em geral, nenhuma. Na verdade, quem ganha dinheiro com o investimento que você faz é o designer e a empresa que vendeu as canecas.

Criar um logotipo e a paleta de cores é, sim, importante. Mas existem outras questões que são cruciais. Comunicar aos potenciais clientes que seu produto resolve um problema que estão enfrentando e, em seguida, incentivá-los a fazer uma compra é muito mais importante do que colocar seu logotipo em brindes.

Se já criou seu logotipo e estabeleceu o estilo da sua marca, não se preocupe. É apenas um passo a menos que você precisará cumprir depois.

Por enquanto, faremos seu avião começar a se mover. O objetivo é gerar fluxo de caixa.

As duas próximas etapas representam os motores direito e esquerdo do avião. O direito simboliza o marketing e o esquerdo, as vendas. Como o trabalho de um motor é gerar impulso e mover o avião para a frente, falaremos sobre como ambos os motores podem acelerar as asas — ou seja, os produtos — do seu negócio o suficiente para gerar sustentação.

Comunique-se com clareza e os clientes prestarão atenção

Nosso marketing se concentrará em um único objetivo: explicar, de forma clara e simples, o que nossos produtos têm a oferecer. Queremos que todos compreendam por que devem comprar nossos produtos e se sintam motivados a fazer isso.

Embora alguns possam interpretar isso como manipulação, trata-se, na verdade, de uma comunicação clara. Manipular pessoas pode até resultar em uma venda, mas se você explicar o que oferece, conquistará a confiança do cliente a ponto de o fidelizar.

Quando falamos de marketing, é comum pensarmos em sites, leads, publicidade e, talvez, materiais gráficos, como placas, folhetos e panfletos. Esses elementos são importantes, mas o coração da estratégia de marketing está nas palavras que utilizamos nesses canais.

Infelizmente, a maioria das pequenas empresas dedica mais tempo à aparência de seus materiais de marketing do que ao conteúdo que comunicam. Isso nunca funciona. Por quê? Porque, na prática, os clientes não compram apenas pelo design de uma marca, mas porque leem e ouvem coisas que os convencem a comprar o produto.

Para garantir que a turbina direita do seu avião funcione, trabalharemos na criação de frases de impacto que você poderá repetir em seus materiais de marketing. Quanto mais precisas forem suas palavras e quanto mais você as usar, mais forte será o impulso do seu avião e mais sustentação ele terá.

É nesse ponto que entra o *BrandScript* – uma estrutura composta por sete "pontos" que você pode usar para convencer o cliente a participar de uma história na qual ele compra seu produto para resolver um problema e, com sorte, vive feliz para sempre.

Neste capítulo, guiarei você pelo processo de criação desses pontos.

Quando você terminar de criar seu *BrandScript*, terá em mãos uma coleção de frases e argumentos fortes que poderão ser usados em seu site, em e-mails de prospecção, em geradores de leads e até em suas apresentações de vendas. Se seguir a estrutura que estou prestes a apresentar, terá as palavras certas para atrair mais clientes interessados em seus produtos.

Sua pequena empresa será construída com palavras

Quando pensamos em começar um pequeno negócio, costumamos focar no tempo que precisaremos investir, no capital necessário, nas contratações a serem feitas e nos produtos físicos que teremos de criar.

Uma questão que frequentemente deixamos de lado é a forma como descreveremos nossos produtos. A verdade é que o crescimento da nossa empresa depende, sobretudo, das palavras que usamos para convencer as pessoas a comprar nossos produtos. Se não soubermos como falar sobre o que vendemos, nossa empresa não crescerá.

As palavras que você usa para apresentar seus produtos são fundamentais. Quando as pessoas visitam o seu site, elas leem as descrições dos seus produtos. O que está escrito pode atraí-las e motivá-las a comprar ou, pelo contrário, gerar confusão e afastá-las. Quando as pessoas pegam seu produto, elas leem as palavras na embalagem. Quando os clientes leem seus e-mails ou olham seu *feed* nas redes sociais, leem palavras que ou despertam o interesse deles, ou os confundem, levando-os a ignorar sua oferta. Suas palavras podem atraí-los a viver uma história na qual são os heróis que superam desafios com a ajuda do seu produto. Do contrário, eles o considerarão desinteressante e procurarão outra solução.

O ponto é o seguinte: sua marca é construída por meio de palavras. Então, que tipo de palavras devemos usar para atrair as pessoas para os nossos produtos e incentivá-las a comprá-los?

Se você quiser usar palavras para ajudar as pessoas a entenderem por que seus produtos são importantes, lembre-se de duas ideias:

1. As pessoas só se interessam por informações que as ajudem a sobreviver e prosperar.
2. Na maioria das vezes, elas só prestam atenção em ideias que são comunicadas de forma simples.

Diga às pessoas como você pode ajudá-las a sobreviver e prosperar

O primeiro erro que as marcas cometem ao falar sobre seus produtos é não focar nos aspectos de sua oferta que ajudarão as pessoas a sobreviver e prosperar.

Os seres humanos são programados para sobreviver. Na verdade, essa é a função primordial do cérebro humano: escanear o ambiente em busca de informações, ferramentas e conexões que o mantenham vivo. Isso significa que, o tempo todo, enquanto caminha pela cidade, você está procurando coisas ou pessoas que possam ajudá-lo a sobreviver (e prosperar), ignorando quase tudo que não se enquadre nesse critério. A sobrevivência é o principal objetivo de todo mundo que você já conheceu, incluindo você mesmo.

Se deseja vender mais produtos, precisa deixar claro como eles contribuirão para a sobrevivência e prosperidade das pessoas. Ninguém se importa se seu avô fundou a empresa; o que realmente importa para o cliente é saber se o seu produto pode resolver um problema que tira o sono dele. Quando você destaca aspectos do seu produto que ajudam as pessoas a sobreviver e prosperar, elas prestam atenção. Se não fizer isso, elas não se interessarão.

Não faça o cliente pensar demais

Se quisermos que as pessoas comprem nossos produtos, a próxima coisa que precisamos fazer é nos comunicar com simplicidade e clareza. Caso contrário, seremos ignorados. Os clientes estão sempre à procura de soluções que possam ajudá-los a sobreviver. Mas, como são bombardeados por uma enorme quantidade de informações, eles não têm tempo para estudar nada que não ative imediatamente seu instinto de sobrevivência.

Seu cérebro filtra quase tudo, e processa somente as informações que o ajudarão a sobreviver e prosperar. Isso significa que a maioria das mensagens de marketing é totalmente ignorada. Se o seu cérebro não filtrasse as informações que não precisa, sua vida seria desorganizada. Você entraria em uma cafeteria, pararia para analisar a dobradiça da porta e, algumas horas depois, ainda estaria lá tentando descobrir que tipo de graxa (se houver alguma) é usada para evitar que a dobradiça faça barulho. Por quê? Porque o filtro do seu cérebro que *descarta informações irrelevantes para a sobrevivência* estaria desativado.

É por isso que a maior parte das propagandas é ignorada. Nós tendemos a ignorar quase tudo que não precisamos para sobreviver. O problema é que, se você não posicionar seus produtos como ferramentas que as pessoas podem usar para prosperar, eles serão ignorados. O que quero dizer com "sobreviver"? Economizar dinheiro, ganhar dinheiro, descansar, sentir-se melhor, conectar-se com mais pessoas, criar memórias com entes queridos, cuidar de si mesmo, encontrar amor, entreter-se, recarregar as energias, comer, proteger-se etc.

Então, se as duas coisas que precisamos fazer para vender mais produtos são: 1) associar nossos produtos à sobrevivência dos nossos clientes e 2) usar frases curtas, que tipo de discurso devemos usar em nosso marketing? A resposta é simples: associar nossos produtos à sobrevivência de nossos clientes por meio de frases curtas, para que não precisem pensar muito para entender por que deveriam comprá-los.

Em outras palavras, evite histórias irrelevantes. Não fale sobre como sua bisavó fundou a empresa, nem sobre o índice de "melhores empresas para trabalhar" ou o novo prédio que você está construindo. Todas essas histórias falam sobre a *sua* sobrevivência, não sobre a do seu *cliente*.

Seus clientes têm um filtro interno: se você não está falando sobre como pode ajudá-los a sobreviver e prosperar, eles não prestarão atenção e seguirão em frente.

Use histórias para criar frases de impacto curtas

Para criar frases de impacto curtas que consigam atravessar o filtro quase impenetrável do cérebro humano, recorreremos ao poder das histórias. Não há nada que faça as turbinas de vendas e marketing girarem mais rápido do que uma boa narrativa. Um dos maiores desafios do marketing é fazer com que as pessoas parem de nos ignorar e prestem atenção por tempo suficiente para que possamos comunicar por que deveriam comprar nosso produto. E esse desafio é real.

Você sabia que o cérebro humano passa 30% do tempo divagando? Quando estamos presos no trânsito, começamos a divagar. Quando paramos para ler um livro, precisamos nos esforçar para não divagar.

Acontece que a divagação é um mecanismo de sobrevivência. Quando você começa a divagar, seu cérebro está basicamente dizendo: "Não há nada aqui que possa me ajudar a sobreviver ou prosperar, então economizarei calorias para o caso de precisar de energia mental mais tarde".

Uma das poucas coisas que pode fazer você parar de divagar por um período prolongado é uma boa história. Quando nos sentamos para assistir a um filme ou ler um livro, nosso cérebro se conecta com a narrativa, e nós prestamos atenção por horas. Todos nós já tivemos a experiência de começar uma série na Netflix e, horas depois, perceber que passamos o dia inteiro no sofá. A história é tão envolvente que não conseguimos desviar a atenção.

Portanto, se histórias prendem nossa atenção, como podemos aproveitar o poder delas para gerar interesse em nossa marca e produtos?

Felizmente, as histórias são elaboradas com base em fórmulas antigas. Contadores de histórias de todos os tipos vêm usando essas fórmulas há séculos para capturar a atenção do público. A mesma estrutura narrativa usada na Grécia Antiga é agora utilizada em jogos de videogame de realidade virtual.

Ao escrever seu *BrandScript*, você cria sete categorias de frases de impacto que, se forem repetidas em seus materiais de marketing, ajudarão você a atrair clientes para uma história envolvente e, assim, gerar mais receita para sua marca. O modelo *StoryBrand* é uma versão simplificada das fórmulas que os contadores de histórias vêm usando há séculos. Elas funcionaram para eles e também funcionarão para você.

Na primeira etapa, você usou o modelo *Uma empresa com propósito* para convidar a si mesmo (e à sua equipe) a participar de uma história; agora, você usará o *StoryBrand* para convidar os clientes a participarem de uma história que resolve seus problemas e transforma suas vidas.

A estrutura de sete partes do *StoryBrand*

O modelo *StoryBrand* já foi utilizado por mais de 700.000 empresários para tornar suas mensagens mais claras e impulsionar seu motor de marketing. Embora tenha sido aplicado em grandes empresas da Fortune 500, ele é mais utilizado por pequenos empreendedores como você, pois possui uma estrutura que permite comunicar de forma compreensível a proposta de valor do seu negócio ao público.

A estrutura explica os sete pontos-chave de uma boa história e fornece sete frases de impacto que você pode usar em seu marketing. Para tornar sua publicidade mais clara, utilize essas sete frases para convidar os clientes a participarem de uma história. Elas podem ser usadas em seu site ou *landing page*, em seus geradores de leads, em seus e-mails de vendas e também em apresentações.

Se você não sabe como falar sobre seus produtos e serviços de uma forma que convença os clientes a comprá-los, isso está prestes a mudar.

A estrutura do *StoryBrand* é a seguinte:

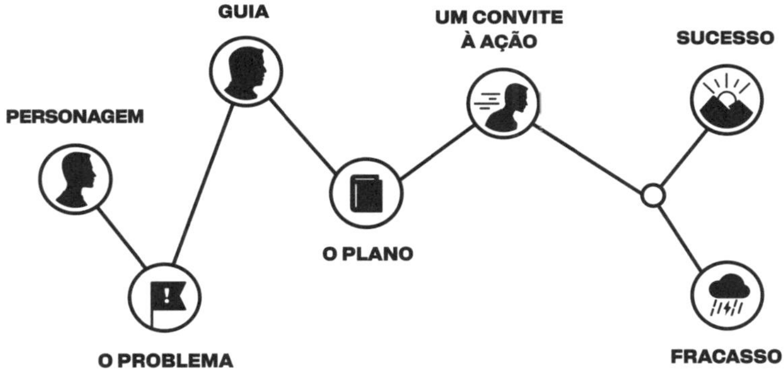

Quando você terminar a segunda etapa, terá as palavras certas para contar às pessoas o que você vende, e por que o que você vende as ajudará a sobreviver e prosperar.

Primeiro ponto do *StoryBrand*: "Um personagem que deseja algo..."

Toda boa história começa com um personagem que deseja algo. O herói quer desarmar a bomba. O atleta quer vencer o campeonato. O casal quer se casar.

Esse desejo é o que desperta o interesse do público, pois surge uma questão na narrativa: será que o herói conseguirá o que deseja?

Essa lógica também se aplica ao marketing. Para atrair a atenção do cliente, você precisa identificar algo que ele deseja e, em seguida, falar sobre isso em seus materiais de marketing. Ele quer que o animal de estimação dele tenha uma vida longa e feliz? Quer um carro elétrico que percorra mais quilômetros com uma única carga? Quer matricular os filhos em uma escola onde receberão mais atenção dos professores?

Quando começamos a falar sobre o que nossos clientes acreditam precisar para sobreviver e prosperar, eles começam a prestar atenção.

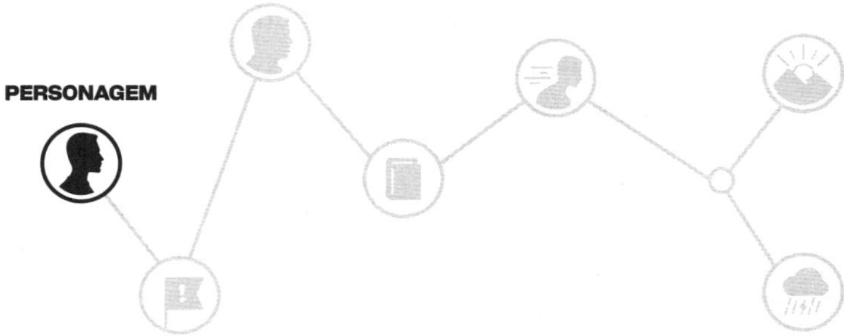

O segredo é ser específico. Se você é um conselheiro matrimonial, pode ser tentado a dizer algo como: "Nossos clientes querem ser felizes em casa", mas essa afirmação é vaga demais. Sem contexto, ela poderia vir de uma empresa de móveis, segurança residencial ou até mesmo piscinas. Em vez disso, você poderia dizer: "Nossos clientes querem reacender o amor que um dia tiveram com seu cônjuge".

Quanto mais específico você for, maior a probabilidade de abrir uma lacuna narrativa na mente do seu cliente.

Responda à pergunta:

O que seu cliente precisa e sua empresa tem a oferecer?

____

____

Após identificar algo específico, você terá a primeira frase de impacto que poderá usar.

E por que essa frase leva a vendas? Porque, ao identificar o que seus clientes desejam, você abre uma lacuna narrativa na mente deles. A única maneira de eles a fecharem é comprando seu produto ou serviço.

Mas há um problema: só porque identificamos o que nossos clientes em potencial desejam, não significa que farão um pedido. Muitas pessoas querem coisas, mas não as compram. Podem se convencer de que não precisam ou se distrair com outras questões. Para convencer as pessoas de que precisam do seu produto ou serviço, você deve abrir ainda mais essa lacuna narrativa.

Segundo ponto do *StoryBrand*: "...precisa superar um conflito..."

Nas histórias, os heróis não conseguem o que querem de imediato. Se conseguissem, a história terminaria nas primeiras páginas. Se um homem quer se casar com o amor da sua vida, e então ele a pede em casamento, e ela diz "sim", e eles vivem felizes para sempre, teríamos a história de amor mais chata de todos os tempos.

Em vez de conseguirem o que querem de imediato, heróis precisam superar grandes desafios. O homem quer se casar com o amor de sua vida, mas há um obstáculo: ela está apaixonada pelo irmão dele — que, por acaso, é um grande idiota (embora ela ainda não saiba disso). O protagonista não pode contar isso a ela, porque a questão geraria tensões familiares. Então, o que ele faz? Como ele supera essa situação complicada e, com sorte, acaba ficando com a mulher dos seus sonhos? Essa, sim, é uma boa história.

O que torna histórias interessantes? Conflitos. Embora ninguém queira conflitos na vida real, nós os adoramos em histórias. Eles geram tensão, engajamento e curiosidade. Se você pausar um filme em qualquer momento, provavelmente verá o herói enfrentando algum problema. Ele está emocionalmente abalado ou em perigo. Contadores de histórias adicionam conflito porque os seres humanos se identificam com conflitos.

Todo ser humano está tentando superar algum problema. O conflito faz com que prestemos atenção na história. Nós queremos saber se o herói conseguirá o que deseja. E, quando vemos um personagem superar um conflito, sentimos esperança de que também podemos superar nossas próprias dificuldades.

Para criar frases de impacto que realmente façam as pessoas desejarem nossos produtos, precisamos falar sobre os problemas que elas enfrentam e mostrar como nossos produtos são a solução que procuram.

Quando fazemos isso, nosso marketing se torna mais eficaz e nosso avião ganha impulso.

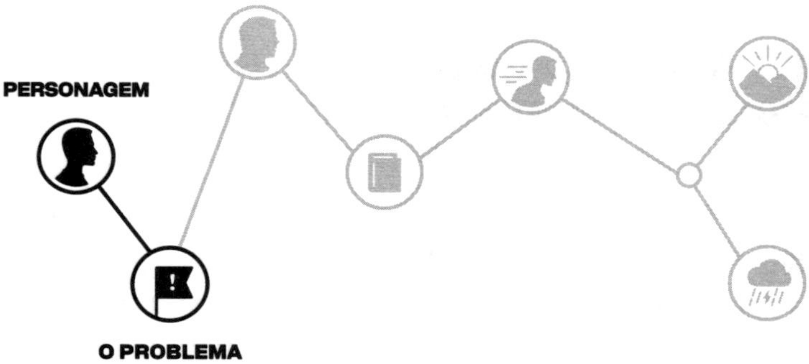

A questão é simples: as pessoas compram produtos e serviços para resolver problemas. Se você falar sobre os problemas com os quais seus clientes lidam (e que seus produtos resolvem), estará abrindo ainda mais a lacuna narrativa que eles precisarão fechar comprando seu produto.

Responda à pergunta:

Quais são alguns dos problemas que seus produtos ajudam seus clientes a resolver?

____

____

____

____

Agora você tem a segunda frase de impacto que pode usar em seus materiais de marketing.

É claro que nem todos os clientes estarão dispostos a gastar dinheiro rápido assim. Ainda podemos fazer mais. Depois de identificarmos o que desejam e conseguirmos falar de forma clara sobre a dor que sentem por ainda não terem comprado nosso produto, é hora de entrar na história deles e ajudá-los a entender as soluções que oferecemos.

Terceiro ponto do *StoryBrand*: "...e encontrar um guia..."

Nas histórias, os heróis precisam de ajuda para superar seus desafios. Embora sejam vistos como figuras fortes e capazes de qualquer coisa, a realidade é, normalmente, outra. Eles costumam ser fracos, despreparados, medrosos, cheios de dúvidas em relação a si mesmos, e desesperados por ajuda. Somente nas páginas finais da história o herói se transforma e se revela capaz de cumprir sua missão.

Então, quem ajuda o herói a vencer no final? O guia.

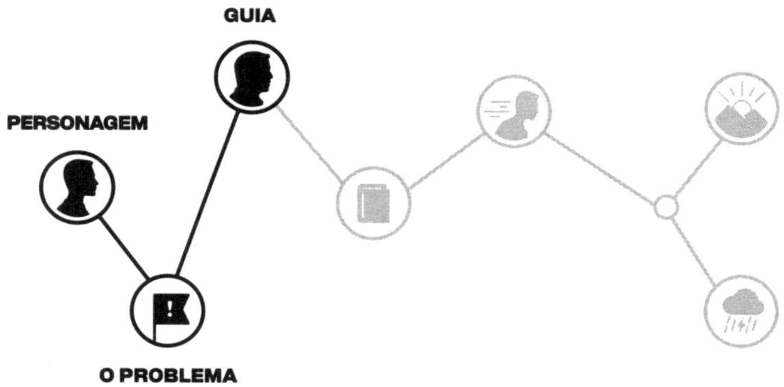

Em quase todas as histórias, um personagem forte, sábio e, muitas vezes, misterioso aparece para ajudar o herói em sua jornada. Esse personagem é chamado de guia.

O Sr. Miyagi é o guia de Daniel em *Karatê Kid*. Gandalf guia Frodo Bolseiro para ajudá-lo a destruir o anel na série *O Senhor dos Anéis*. Mary Poppins guia as crianças e seus pais no filme *Mary Poppins*.

Sem os guias, os heróis estariam perdidos. Eles jamais seriam capazes de superar seus problemas.

O ponto mais importante do modelo *StoryBrand* é o seguinte: nunca se posicione como o herói, mas como o guia.

Muitos donos de pequenas empresas cometem o erro de se posicionar como o herói da história. Falam sobre como criaram o produto, sobre suas conquistas em vendas ou sobre a longa história de seu empreendimento. No entanto, os clientes não estão interessados nesses detalhes. O que realmente querem saber é se você pode ajudá-los a resolver um problema.

Portanto, é um erro, como líder ou proprietário de uma pequena empresa, se posicionar como o herói. Heróis não estão procurando por outros heróis, mas por guias que possam ajudá-los.

Quando você se posiciona como guia, os clientes em potencial o reconhecem como alguém que pode ajudá-los. Quando se posiciona como herói, eles o ignoram. Você, literalmente, se torna invisível.

Para se posicionar como guia, você precisa fazer duas coisas.

Em primeiro lugar, demonstrar empatia. Os guias se importam mais com o sucesso do herói do que com o próprio sucesso. As palavras-chave aqui são: "Eles se importam".

Em seus materiais de marketing, você precisa demonstrar empatia com a dor que seus clientes em potencial estão sentindo. Frases como "Sabemos como é difícil lidar com tal questão" são extremamente eficazes para posicionar você como guia.

Lembre-se de que seus clientes (os heróis) estão com medo, despreparados, frustrados e precisando de ajuda. Por isso, procuram alguém que compreenda seu dilema.

Seja empático em seus materiais de marketing, para que seus clientes reconheçam você como um guia que se importa com as frustrações e dores deles.

Em segundo lugar, demonstrar autoridade. Ou seja, mostrar que realmente sabe como ajudar seus clientes-heróis a superar seus desafios e alcançar o sucesso.

Não basta se importar com o cliente; você também precisa liderá-lo com competência. Você já ajudou centenas de pessoas a superar os problemas que seu cliente está enfrentando? Desenvolveu uma tecnologia que tornou certos desafios mais fácil de superar? Recebeu prêmios pelo trabalho que realizou? O que você pode dizer ao cliente para transmitir confiança de que você pode ajudá-lo a resolver seus problemas?

Frases como "Ajudamos milhares de pessoas como você a superar X" ou "Nossa tecnologia premiada foi destaque em dezenas de revistas" permitem que o consumidor saiba que você tem proficiência em resolver problemas.

Muitas pessoas acham que "não se posicionar como o herói" significa que você não pode falar sobre si mesmo em seus materiais de marketing, mas isso não é verdade. Você pode falar sobre si mesmo. Você pode falar sobre o quanto se importa com o problema do cliente e sobre o quão competente você é para resolver esse problema.

Ao demonstrar empatia e autoridade, você se posiciona como um guia na vida de seus clientes. Quando eles sabem que você se importa com o problema deles e que pode ajudá-los a sair dessa situação, procuram você em busca de ajuda.

Existem duas frases de impacto que você deve incluir em seus materiais de marketing para ajudá-lo a se posicionar como um guia para seus clientes em potencial. Essas duas frases de impacto são:

Demonstrar empatia:

____

____

Demonstrar autoridade:

____

____

Use essas frases de impacto e mais clientes prestarão atenção em você.

Assim que você se posicionar como um guia, os clientes começarão a querer comprar seus produtos. Na verdade, com apenas esses três elementos narrativos — empatia, autoridade e o papel do guia — o motor direito do seu negócio começará a funcionar de forma mais eficiente, o que aumentará a receita. Porém, nem todos os clientes farão uma compra.

Por mais que reconheçam o seu produto como uma ferramenta para resolver seus problemas e respeitem você como guia, alguns serão avessos ao risco. Precisarão de mais tempo para pensar antes de tomar uma decisão.

Então, como podemos ajudá-los a superarem esse receio e clicarem no botão "comprar agora"? Daremos a eles um plano.

Quarto ponto do *StoryBrand*: "...que lhe apresente um plano..."

Os clientes não querem entrar no desconhecido. Mesmo que você já tenha identificado o que desejam, demonstrado empatia por seus problemas e provado que pode ajudá-los a resolvê-los, alguns ainda assim não farão a compra.

Eles estão diante daquele momento em que precisam se comprometer, e isso envolve risco.

Para você, comprar parece o próximo passo óbvio. Afinal, você tem a solução para o problema deles. Você é experiente em ajudar outras pessoas a superar esse mesmo desafio. Sua solução já funcionou para diversos outros consumidores. Então, por que o cliente ainda não fez o pedido?

A questão é que para ele, a perspectiva é bem diferente. Sua solução está do outro lado de um rio turbulento. Ele ouve o som da água correndo com força, caindo em uma cachoeira próxima. Na cabeça do cliente, se ele tentar atravessar esse rio, pode escorregar, bater a cabeça em uma pedra e ser levado pela correnteza.

Claro, isso é um absurdo. Não há perigo em comprar seu produto. Você e eu sabemos que ele funciona. Mas o cliente não sabe. Para nós, parece uma aposta certeira. Para eles, é um risco.

O que você pode fazer, então, para ajudar o cliente a ter mais confiança de que não desperdiçará o dinheiro dele? Você coloca pedras grandes no rio para que sirvam de apoio. Quando o cliente vir que há um caminho para atravessar o rio, ficará muito mais propenso a fazer o pedido.

Todos nós sabemos como é querer comprar algo, mas sentir um desconforto antes de tomar a decisão. O que precisamos oferecer ao consumidor são pequenos passos. As pedras que você colocará no rio representam um plano de três ou quatro etapas. Quando você apresenta ao cliente um plano assim, as chances de ele realizar a compra aumentam.

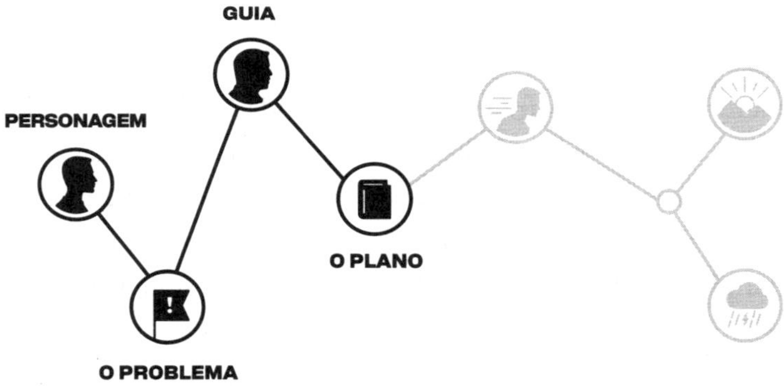

Para que fique claro, planos com três etapas costumam funcionar bem; os de quatro etapas funcionam, mas com menor eficácia; enquanto os de cinco etapas raramente funcionam. O objetivo de um plano é mostrar ao cliente que a jornada do problema até a solução será fácil. Quando você apresenta cinco ou mais etapas, está, na prática, dizendo ao cliente que o processo será difícil. Mantenha o plano simples, e seu cliente se sentirá seguro para dar os primeiros passos rumo à compra.

Em vez de pedir para o cliente fazer uma oferta de compra em uma casa de imediato, diga: "Faremos tudo de forma segura. Primeiro, entraremos em contato com o banco para garantir que você está qualificado para o valor de que precisa. Depois, faremos a oferta. Se a avaliação da casa estiver dentro do preço, você poderá comprar a casa e se mudar".

Percebeu as três etapas?

Fazer uma grande compra — como a compra de uma casa —, é uma decisão arriscada. Quando oferecemos ao cliente três ou quatro pequenos passos, ele se sente mais confortável em seguir em frente.

O produto que você vende não precisa ser grande e caro para se beneficiar de um plano. Você pode usar um plano de três etapas para vender sapatos pela internet: 1) faça o pedido dos sapatos, 2) experimente-os em casa, e 3) se não servirem, devolva para nós. Você também pode fazer o mesmo ao vender um serviço: 1) cadastre-se em nosso programa de manutenção de ar-condicionado, 2) receba inspeções regulares e trocas de filtros e 3) nunca mais se preocupe com o sistema de ar-condicionado.

Outra maneira de interpretar o plano na história é vê-lo como algo que "dissipa o nevoeiro".

Quando clientes enfrentam a possibilidade de perda, eles se preocupam. Podem nem perceber que estão preocupados, mas, quando o dinheiro está em jogo, certamente estão. Para eles, fazer uma compra significa que podem perder o dinheiro, a autoestima ou até a sensação de que o mundo é um lugar confiável. Imagine um herói solitário tendo que entrar em uma floresta escura para cumprir sua missão. Ao olhar para a floresta, ele só consegue ver alguns metros à frente, pois há uma densa neblina flutuando lentamente entre as árvores.

Quando você apresenta um plano, é como se "dissipasse o nevoeiro" para que o cliente consiga enxergar mais do caminho que terá de percorrer.

Ele consegue ver mais longe. Por exemplo, em vez de um consultor financeiro dizer: "Nós nos encontraremos para elaborar um plano para o seu futuro", ele poderia dizer: "Meu trabalho é dividido em três partes. Primeiro, avalio aonde você quer chegar na vida. Depois, elaboro um plano. Por fim, se você decidir seguir em frente, trabalharemos juntos para executar esse plano".

Três etapas foram apresentadas. Agora o cliente sabe o que esperar se trabalhar com o consultor. O nevoeiro foi dissipado.

Quando alguém acessa o seu site e demonstra interesse em fazer um pedido, é o plano que mostra a ele que a compra será simples, segura e fácil. Incluir um plano em sua *landing page*, e-mails e apresentações de vendas fará com que um número maior de pessoas faça um pedido.

Já entrou em uma loja de carros da CarMax? A gigante concessionária de carros tem planos de três etapas para tudo, desde comprar um carro, vender seu carro até comprar uma garantia para o veículo. Esses planos oferecem o mapa mental que os clientes precisam para saber quais passos tomar e assim resolver seus problemas.

Responda à pergunta:

Quais são as três ou quatro etapas que seus clientes precisam seguir para comprar seu produto e resolver o problema deles?

Quando você usar esse plano de três etapas, suas vendas aumentarão.

Agora que o cliente está pronto para efetuar uma compra e você deu a ele um caminho claro e simples a seguir, nós o incentivaremos a dar o próximo passo. Nós o chamaremos para a ação.

Quinto ponto do *StoryBrand*: "...e o convide a agir..."

Neste ponto da história, os consumidores já estão prontos para fazer uma compra. Alguns podem estar tão empolgados que ligam para perguntar como podem comprar seu produto ou serviço. Mas, na maioria dos casos, isso não acontece. Muitos esperam ser convidados a fazer o pedido. E se você não agir, eles irão embora desejando que você tivesse feito o convite, pois estavam mais do que dispostos a pagar pela solução que você tinha para o problema deles.

Pode parecer um fenômeno estranho, mas é real: as pessoas raramente tomam iniciativa por conta própria. Muitas vezes, só agem quando alguém as convida a agir. E é exatamente o caso quando se trata de compras.

Então, o que você deve fazer? Aja com confiança ao convidar seus clientes a agir.

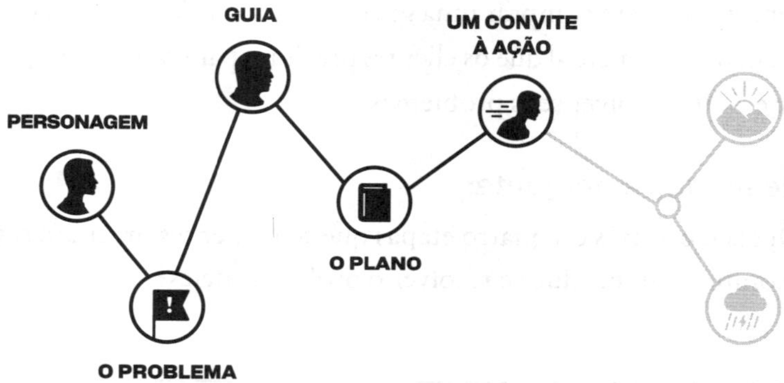

Nas histórias, os heróis frequentemente são letárgicos. Afinal, não pediram para serem jogados no meio dessa aventura. Lembre-se, eles estão despreparados, cheios de dúvidas e procurando ajuda. Só querem que toda a confusão acabe para que possam voltar para casa, onde a vida é tranquila.

Os guias geralmente precisam desafiar os heróis a agir para ajudá-los a resolver seus problemas. Saia de casa. Escale a montanha. Dê o soco. Vá e conquiste o coração da pessoa que você ama. Mexa-se!

O que isso significa para nosso pequeno negócio? Significa que precisamos convidar nossos clientes à ação. Ou seja, dizer a eles que é hora de fazer o pedido.

Em seu site, por exemplo, deve haver um botão de "compre agora". Na verdade, deve haver vários botões de "compre agora" espalhados ao longo da página, em todas as seções do site. Esses botões precisam ser chamativos, os mais óbvios e visíveis do site.

Pense no botão "compre agora" como o caixa de uma loja física. Você nunca o esconderia, pois quer que os clientes saibam onde levar suas escolhas para fazer a compra. O mesmo acontece em seu site. Certifique-se de que seu caixa (botões de compra) seja fácil de encontrar, clicar e usar.

Se os botões não disserem "compre agora", devem dizer algo direto e claro como "agende uma consulta" ou "ligue agora".

Muitos proprietários de pequenas empresas não gostam de ser insistentes quando o assunto é vender produtos e serviços. Contudo, a verdade é que poucos deles transmitem uma impressão de insistência exagerada. Na verdade, a maioria cai no outro extremo errado: adotar uma postura passiva demais em seus convites à ação.

Quando usamos termos como "comece agora" ou "saiba mais", parecemos alguém que não acredita o suficiente em seu próprio produto para incentivar os clientes a fazer um pedido.

Consumidores querem saber que você acredita no seu produto e que tem certeza de que ele pode resolver o problema deles.

Em nosso material de marketing, daremos aos clientes algo que possam aceitar ou rejeitar. Nós os convidaremos à ação. Pediremos que façam uma compra.

Responda à pergunta:

Qual será o principal convite à ação em seu site e materiais de marketing?

____

____

Quando você tiver convites à ação claros, suas vendas aumentarão ainda mais.

Agora que incluímos convites à ação em nossos materiais de marketing, concluiremos a história com um conceito de consequências.

Para tornar interessante a história à qual você está convidando seus clientes, eles precisam saber o que podem ganhar ou perder se efetuarem ou não a compra. Quando mostramos ao consumidor o que ele ganhará ou perderá se não comprar nosso produto, ele se torna muito mais propenso a fazer uma compra.

Uma boa história precisa de consequências!

Sexto ponto do *StoryBrand*: "...para que ele evite o fracasso..."

Uma boa história precisa de consequências. Para que uma narrativa prenda a atenção de alguém, alguma coisa precisa estar em jogo. Algo precisa ser ganho ou perdido dependendo de o herói cumprir ou não sua missão. Ele se casará com o amor da sua vida ou ela se casará com o irmão mau, o que deixará o herói com o coração partido para sempre? O advogado vencerá o caso e trará justiça para a cidade ou as pessoas continuarão sofrendo?

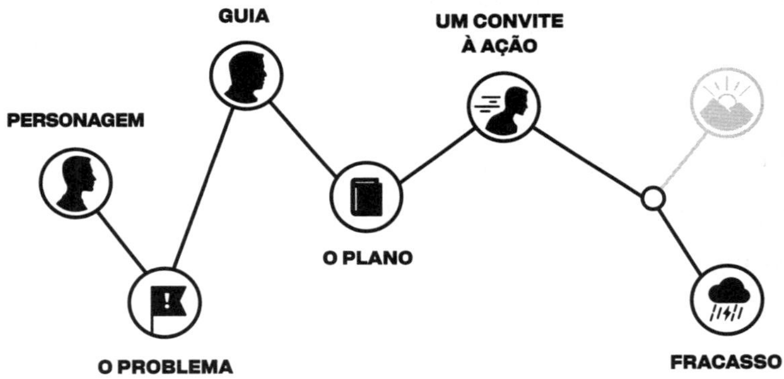

Nas histórias, o público é sempre lembrado do que pode ser ganho ou perdido caso o herói tome ou não uma decisão. Devemos fazer a mesma coisa em nosso marketing.

As duas categorias para as quais criaremos frases de impacto a fim de adicionar consequências à história são: 1) fracasso e 2) sucesso. Se o consumidor não comprar nosso produto ou serviço, a história dele terminará em fracasso. Se comprar, terminará em sucesso.

Nessa parte do nosso *BrandScript*, a intenção é instigar uma conversa em torno do que estamos ajudando nossos clientes a evitar. As pessoas são motivadas a evitar o desconforto tanto quanto — ou até mais — do que a buscar o conforto. Lembre-se, os seres humanos são resolvedores de problemas e estão sempre tentando descobrir como evitar frustração e dor. Quando lembramos aos clientes que nosso produto os mantém longe dessas experiências negativas, eles se sentem bem mais motivados a comprar.

Você vende colchões que ajudam os clientes a aliviar dores nas costas? Certifique-se de dizer isso a eles. Melhor ainda, inclua isso no cartaz ao lado do colchão na loja física ou na descrição do produto em seu site. O carro que você está vendendo tem um acesso mais fácil ao banco traseiro, o que permite que as crianças sejam presas à cadeirinha de forma mais prática? Ótimo! Certifique-se de mencionar isso. Melhor ainda, diga que na maioria dos outros carros os pais precisam se curvar para prender a criança, mas, com seus veículos, eles podem manter a postura e alcançar a cadeirinha com facilidade.

Consequências. Lembre-se, toda boa história gira em torno delas. Que dor ou frustração o seu produto impede que o cliente experimente?

As perguntas que você precisa responder para instigar a conversa certa nessa seção são:

Qual consequência negativa meu produto ajuda meus clientes a evitar?

____

____

O que as pessoas continuarão a enfrentar se não comprarem meu produto ou serviço?

____

____

Quando você incluir as consequências negativas em seus materiais de marketing, os pedidos aumentarão.

As pessoas são motivadas a evitar consequências ruins, por isso incluir essas frases de impacto na narrativa da sua marca gerará um senso de urgência.

Mas, sem dúvida, não queremos apenas amedrontá-las. As pessoas também serão atraídas pelo que acontecerá de bom, incrível e maravilhoso com elas se comprarem nosso produto ou serviço.

O último ponto no modelo *StoryBrand* será convidar seus clientes-heróis para uma vida melhor, nas qual seus problemas são resolvidos.

Sétimo ponto do *StoryBrand*: "...e experimente o sucesso"

Em uma história, você precisa elaborar uma narrativa que responda à pergunta do seu cliente em potencial: "O que eu ganho com isso?"

Todo herói está em busca de um final feliz, e, mesmo que os benefícios de comprar seu produto pareçam óbvios para você, eles não serão para o seu cliente.

Se quisermos completar a história da qual estamos convidando os clientes a participar, precisamos contar a eles as coisas maravilhosas que acontecerão se comprarem nosso produto ou serviço.

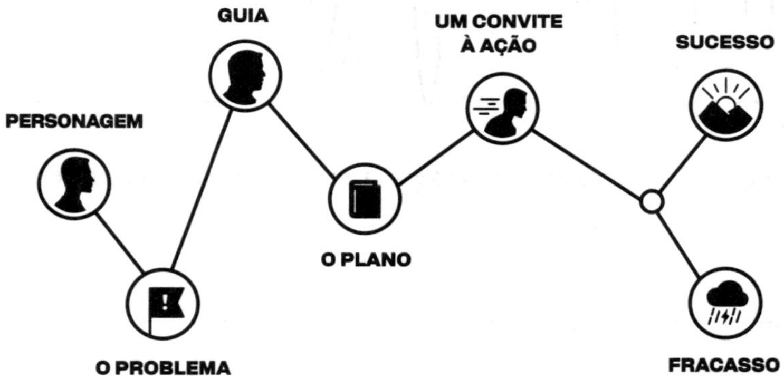

Quando você destaca as consequências boas que os clientes terão, o valor percebido dos seus produtos aumenta de maneira considerável — e tudo isso apenas com palavras.

Por exemplo, no cabeçalho de um site que mostramos em nossos workshops, uma empresária vende uma bicicleta elétrica pelo preço de 15 mil reais. É um valor bem alto para uma bicicleta. Portanto, como ela faz a bicicleta parecer um ótimo negócio? Listando todas as coisas boas que acontecem quando você compra a bicicleta:

- Você economizará dinheiro com combustível.
- Nunca mais vai ficará preso no trânsito.
- Poderá aproveitar o ar livre.
- Contribuirá para salvar o meio ambiente.
- Será o líder do grupo.

Legenda: "Seja o líder do grupo. Conquiste uma bicicleta revolucionária. Encontre um revendedor".

Conforme os consumidores leem as informações em seu site sobre tudo que é oferecido a eles, começam a fazer cálculos subconscientes. O cérebro deles compara o preço do produto com todo o valor que receberão. Quanto maior for tal valor, mais atraente será o preço do produto.

E, sim, é possível mudar o valor percebido dos produtos que você vende apenas usando palavras.

Pense nisso. A bicicleta custa 15 mil reais, mas você economizará parte desse valor em combustível. Além disso, eu pagaria pelo menos 5 mil para nunca mais ficar preso no trânsito, o que significa que a bicicleta na verdade vale 20 mil, mas estou pagando apenas 15 mil. Também poderei aproveitar o ar livre, o que significa que estou recebendo um valor de 25 mil por apenas 15 mil. Mas espere. Também estou ajudando a salvar o meio ambiente. Isso agrega ainda mais valor. Além disso, serei o líder do grupo, isto é, serei visto como alguém visionário, como o primeiro a adotar novas tecnologias. Isso tem um valor enorme. No final do dia, parece que essa bicicleta vale muito mais do que 15 mil. Talvez ela valha até 30 ou 35 mil, considerando a forma como ela poderia transformar minha vida. De repente, o preço de 15 mil parece uma pechincha. Tudo isso foi possível porque destacamos as consequências boas em nosso *BrandScript*.

Lembre-se, quando você inclui todas as coisas boas que acontecerão com as pessoas se comprarem seu produto ou serviço, você está agregando valor percebido ao produto. E, quando você agrega valor, as pessoas ficam muito mais propensas a efetuar uma compra.

Expor as consequências é importante. Assim como nas histórias, todas as jornadas de compra se encaminham para um final feliz ou triste. Enquanto assistimos a um filme, torcemos para que o herói vença a corrida, desarme a bomba ou seja promovido. Nós torcemos porque o contador de histórias deixa claro o final feliz que o herói terá se superar o desafio.

Assim como nos filmes, você deve falar do final feliz que a pessoa terá durante todo o tempo em que ela considera comprar seus produtos.

Certifique-se de incluir uma lista das experiências boas que ela terá se fizer a compra. Assim, ela começará a caminhar em direção a esse final feliz e precisará adquirir seu produto para que esse final se torne realidade.

As perguntas que você deve fazer para ajudar os clientes a imaginar como você pode melhorar a vida deles são as seguintes:

Como será a vida do meu cliente se ele comprar meu produto ou serviço?

____

____

Quais benefícios meu produto ou serviço proporcionará que agregarão valor à vida do meu cliente?

____

____

Quando você pinta um quadro das experiências boas que ele terá se comprar seus produtos, o valor percebido de tais produtos e o número de pedidos aumentam.

Agora que ofereceu aos seus clientes-heróis uma visão de como a vida deles pode ser, você concluiu o processo de convidá-los para participar de uma história. E isso é bom.

Seres humanos são programados para se envolver em histórias. O cérebro humano está sempre tentando organizar os dados aleatórios que experimenta todos os dias em uma narrativa coerente.

Quando você organiza o discurso da sua marca usando os elementos de uma história, seus clientes não precisam se esforçar tanto para entender como você pode transformar a vida deles.

Agora que temos as sete frases de impacto escritas, falaremos sobre o que fazer com elas para que seu marketing gere o maior impulso possível.

Deixe seu discurso mais claro por meio de um *StoryBrand BrandScript*

Para criar seus sete pontos-chave, utilize um *StoryBrand BrandScript*.

O *BrandScript* permite que você organize suas ideias, deixe seu discurso mais claro e convide seus clientes para uma história envolvente, na qual eles utilizam seus produtos ou serviços para resolver os problemas deles.

Você pode preencher um *StoryBrand BrandScript* em seu *Plano de voo para pequenas empresas*, localizado no fim deste livro.

Um *BrandScript* é assim:

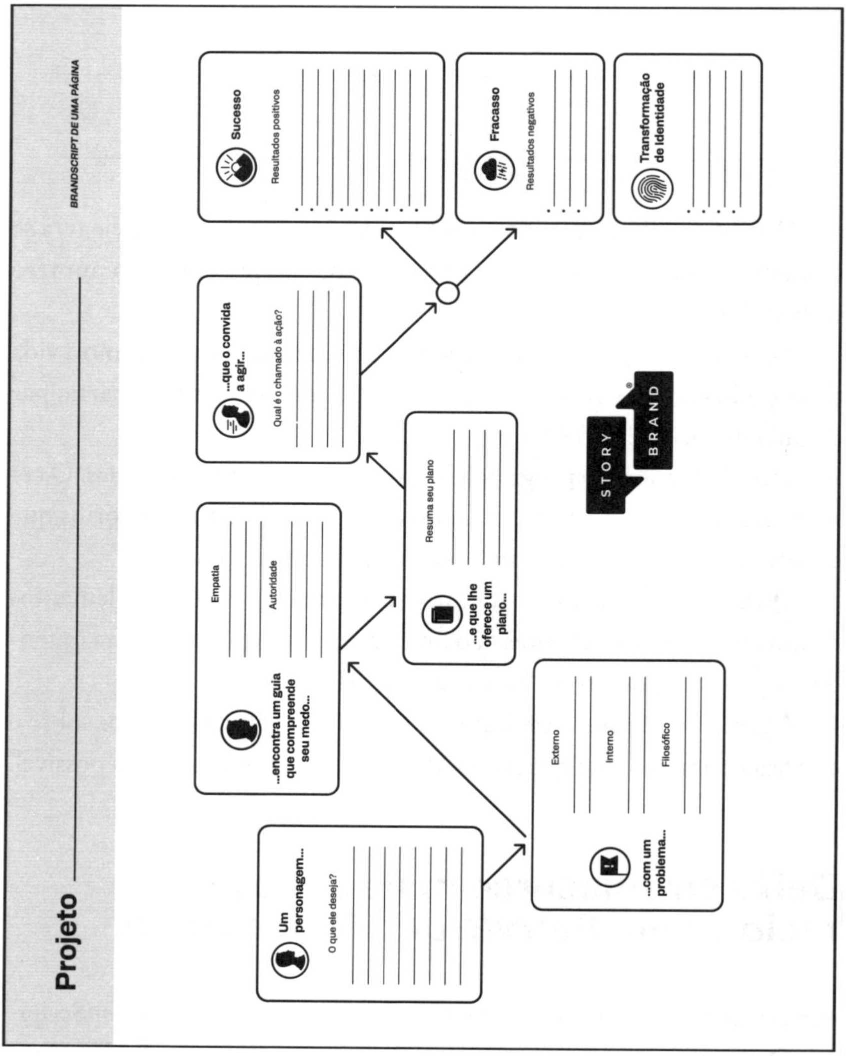

Acesse a versão digital preenchível em SmallBusinessFlightPlan.com

Use seu novo discurso em seus materiais de marketing

Seu novo discurso pode ser usado em todos os seus materiais de marketing, incluindo *landing pages*, geradores de leads, e-mails e até mesmo conversas casuais.

Os princípios básicos do modelo *StoryBrand* são simples:

1. Reduza seu marketing a uma série de frases de impacto fáceis de repetir.
2. Use essas frases na sua *landing page* e em todo o seu funil de vendas.

Após reformular seus materiais de marketing com um discurso claro e impactante, você terá uma melhor resposta dos clientes e um possível aumento na receita.

Agora que ligamos o motor direito (o marketing), ligaremos o esquerdo: as vendas. Mesmo que você seja um microempreendedor, seu avião voará muito mais rápido se você aprender a vender.

Vamos para a terceira etapa.

Caso tenha uma equipe de vendas, certifique-se de que todos aprendam e sigam o modelo *O cliente é o herói*, que deve ser aplicado em qualquer pitch de vendas, e-mail de acompanhamento e proposta comercial.

Este capítulo é especial. Se precisa de dinheiro para manter sua empresa viva, aprenda esse modelo e você verá dinheiro entrando em seu caixa. Na verdade, desafie-se a enviar um e-mail de acompanhamento para todas as pessoas com quem você (ou sua equipe de vendas) fizer contato, usando a estrutura que estou prestes a apresentar.

E-mails de acompanhamento são essenciais e, claro, quase todo mundo os envia. Mas a maioria faz isso da forma errada. O que seu cliente realmente precisa é de uma explicação sem rodeios sobre o dilema no qual ele se encontra e como pode sair dessa situação usando seus produtos. Se seu discurso for claro, você fechará a venda.

Se apenas seguir essa estrutura para enviar e-mails de acompanhamento, você já poderá aumentar sua receita de maneira significativa e obter o dinheiro necessário para operar e expandir seu negócio.

Antes mesmo de ler o capítulo a seguir, faça esse compromisso: você (e sua equipe de vendas) seguirão essa estrutura para enviar e-mails de acompanhamento para todas as pessoas com quem fizerem contato.

Comprometa-se a seguir o modelo *O cliente é o herói* para enviar e-mails de acompanhamento hoje mesmo e observe sua receita crescer. Um brinde aos seus resultados.

— CAPÍTULO 3 —

VENDAS

TERCEIRA ETAPA:
A TURBINA DA ESQUERDA

Elabore um pitch de vendas milionário

A terceira etapa ajudará você a resolver os seguintes problemas:

- Você odeia vender, mas sabe que sem isso seu negócio não crescerá.
- Você se sente inseguro ao solicitar o pagamento.
- Seu marketing e vendas não estão alinhados.
- Você não sabe como escrever um e-mail de vendas que feche negócios de forma imediata.
- Você continua se colocando como o herói nas negociações de vendas e isso não está funcionando.
- Os clientes em potencial não confiam em você de imediato.
- Suas propostas são ignoradas.
- Você tem dificuldade em ensinar os membros da sua equipe a vender.
- Você precisa de mais vendas imediatamente.

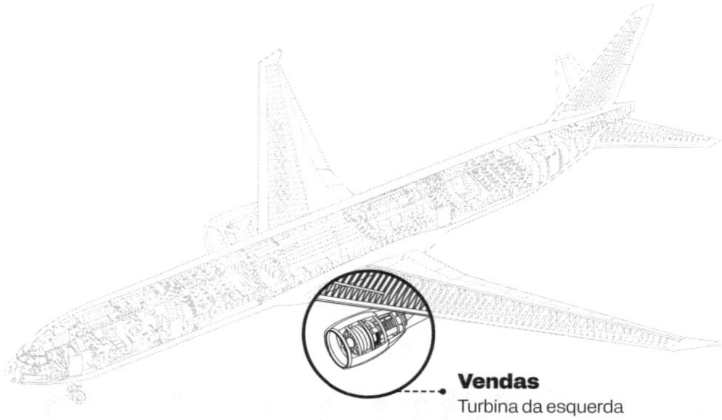

Agora que nosso motor direito está gerando impulso, podemos usar a mesma estrutura de contar histórias para ativar o motor esquerdo. Quando você adiciona um componente de vendas ao seu avião, a potência que impulsiona seu negócio é duplicada.

Por anos, os proprietários de pequenas empresas solicitaram que aplicássemos o modelo *StoryBrand* às vendas. Esta é a primeira vez que estamos apresentando nossa estrutura de vendas a empresários e líderes como você.

Todo proprietário de pequena empresa, assim como todo executivo de contas ou representante de vendas, deveria saber como criar um pitch de vendas milionário. Mas o que significa, afinal, um pitch de vendas milionário? Trata-se de um discurso que pode ser usado várias vezes para gerar milhões em receita, independentemente do tamanho de sua empresa. Se você souber como fazer isso, poderá trazer esses milhões para o seu pequeno negócio.

Se você tem uma equipe de vendas, o ideal é que toda a equipe compreenda a terceira etapa porque, ao aprenderem a criar pitches de vendas milionários, a experiência do cliente com a sua marca se torna mais positiva, o que reflete em um aumento de vendas.

Ao final desta etapa, desafiaremos você a usar a estrutura para elaborar uma proposta comercial que poderá gerar um retorno financeiro que compensará, com sobras, o investimento de tempo e dinheiro que você fez neste livro.

Muitos de nós, proprietários ou gestores de pequenas empresas, não nos consideramos "vendedores". No entanto, a verdade é que, para manter nossos negócios, precisamos vender. Se não formos capazes de explicar ao público como nossos produtos resolvem seus problemas, o destino do nosso negócio será o fracasso.

Caso não goste de vender, não se preocupe. O modelo de vendas *O cliente é o herói* ensinará você a parar de pensar em "vender" e, em vez disso, criar um pitch que convida os clientes para uma história.

Se você detesta vender, eu entendo. No entanto, se esse for o seu caso, tiraremos um momento para mudar a nossa mentalidade em relação a vendas. Em vez de tentar manipular o cliente a comprar, simplesmente explicaremos como nosso produto resolverá o problema dele, e deixaremos que decida se quer ou não comprá-lo.

O que mais nos incomoda ao lidar com vendedores é a sensação de que estão escondendo algo ou sendo desonestos. A interação pode nos fazer sentir que o vendedor só quer o nosso dinheiro. O relacionamento parece transacional e desprovido de autenticidade, o que nos incomoda.

Há alguns anos, por exemplo, minha esposa e eu fomos até uma concessionária local para comprar um carro. Ficamos lá por horas, examinando os carros, fazendo *test-drives* e, por fim, negociando o preço. O processo foi tão demorado que literalmente saí e voltei com o jantar para nós três: minha esposa, eu e o vendedor. Não me importei de fazer isso, porque, no final do processo, o vendedor nos deu um desconto de 50 mil reais no carro que queríamos. Ele precisou consultar o gerente cinco vezes e fazer muitos cálculos, mas conseguimos fechar o negócio. Eu não poderia ter ficado mais feliz — até que minha esposa e eu chegamos em casa, e nos sentamos no sofá para distrair a cabeça assistindo TV. Sem brincadeira, um dos primeiros comerciais que apareceu foi da mesma concessionária. O comercial, de forma exagerada, anunciava que qualquer pessoa que entrasse pela porta ganharia 10.000 de desconto em um carro novo.

Naquele momento, senti-me usado, manipulado e enganado. Minha esposa apenas riu e comentou: "Foi muito gentil da sua parte comprar o jantar para ele".

Portanto, como podemos evitar que as pessoas se sintam usadas ou manipuladas? Simples. Não use nem manipule as pessoas.

Em vez de vender algo para alguém, vamos convidá-lo para uma história honesta em que ele pode resolver um problema usando os produtos que vendemos.

Sempre que estou fazendo uma venda, não perco tempo tentando convencer o cliente de nada. Meu foco está em uma única questão: *o cliente tem um problema que meu produto pode resolver?* Se a resposta for sim, apresento o meu produto. Se for não, não tento forçar a venda.

Houve muitas situações em que clientes interessados quiseram comprar meu produto, mas eu os desencorajei, pois sabia que ele não atenderia às suas expectativas. Como proprietário de uma pequena empresa, não posso me dar ao luxo de ter clientes insatisfeitos. Eles prejudicam a reputação do negócio e podem derrubar o avião da empresa rapidamente. Acredite em mim. Faça tudo o que puder para não vender seus produtos para pessoas que não precisam deles.

Há um benefício em assumir esse compromisso. Quando paramos de tentar convencer as pessoas de que elas precisam de algo e, em vez disso, focamos em descobrir se têm um problema que nosso produto pode resolver, tanto a conversa de vendas quanto a satisfação do cliente após a compra (junto com as recomendações deles sobre você e seus produtos) aumentam. No final, você terá um pitch de vendas milionário.

A verdade é que é possível explicar o que você oferece, resolver os problemas dos seus clientes e fazer sua empresa crescer sem desonestidade.

Para fazer isso, no entanto, há uma mudança de paradigma que precisamos entender: em vez de fazer um pitch de vendas exaustivo e manipulador, no qual tentamos convencer as pessoas a comprar algo, precisamos transformar o cliente no herói e convidá-lo para uma história em que o ajudamos a resolver um problema.

O modelo *StoryBrand* ajudou você a criar frases de impacto que podem ser usadas em e-mails, sites e outros materiais de marketing. Essa parte, no entanto, é fácil. Você cria as frases, coloca-as em sites e e-mails automáticos e as deixa lá por anos.

A diferença é que vendas são dinâmicas. Elas acontecem durante almoços, em trocas de mensagens e em videochamadas. Com a estrutura de vendas *O cliente é o herói*, aprenderemos a realmente pensar em forma de história.

Os maiores líderes empresariais, políticos e religiosos foram vendedores excepcionais. Na verdade, acredito que Richard Branson, Madre Teresa, Oprah Winfrey, Mahatma Gandhi, Winston Churchill e quase qualquer outro líder que você admire conhece intuitivamente a estrutura de vendas *O cliente é o herói*. E quanto mais você a utilizar, mais influência, impacto e sucesso em vendas você terá. Essas personalidades estavam tentando vender alguma coisa? Não. Estavam tentando resolver os problemas das pessoas.

Então, como fazemos isso de forma prática e natural? Usamos um sistema codificado por cores que nos ensina a guiar a conversa de forma que ela seja útil para cada cliente que encontrarmos.

O cliente é o herói: a estrutura de vendas para quem precisa vender

Quando estamos frente a frente com um cliente, seja em uma conversa presencial ou respondendo a uma consulta por e-mail, surge a dúvida: como podemos *enxergar as coisas como partes de uma narrativa?*

A chave para qualquer pitch de vendas bom é entender que a história não é sobre nós. Não precisamos gastar nem um segundo tentando convencer o cliente de quão incríveis somos. Quer estejamos em um almoço com um cliente em potencial, acompanhando uma ligação ou dando seguimento por e-mail, precisamos lembrar que o cliente é o verdadeiro herói da história e está tentando resolver um problema. Se levarmos em conta o cliente e sua trajetória sempre que conversarmos com ele, seremos muito mais capazes de guiá-lo em direção a uma compra que, por sua vez, resolverá seu problema e completará a sua história.

Isso significa que devemos estar mais interessados em descobrir se a pessoa com quem estamos interagindo tem um problema que podemos resolver, do que em tentar convencê-la a comprar um produto que talvez ela nem precise.

Quando você *enxerga as coisas como partes de uma narrativa*, sua conversa se torna mais interessante para os clientes em potencial, independentemente do tamanho do seu negócio.

Depois de aprender a transformar o cliente no herói, Steve Rusing, vice-presidente sênior de vendas da Tempur Sealy International, nos EUA, — a maior empresa de colchões do mundo — disse que ele e sua equipe pararam de "vender" seus produtos para parceiros de varejo e, em vez disso, passaram a se reunir com eles para entender as metas individuais de suas lojas. Uma vez que compreenderam o que eles desejavam, ajudaram a posicionar os produtos da Tempur Sealy de forma a atender a esses objetivos.

Steve me contou que seus parceiros de varejo nunca haviam se deparado com uma empresa que perguntasse quais eram as metas deles ou o que estavam tentando fazer com suas lojas. Infelizmente, estavam acostumados a ser usados por empresas de colchões que priorizavam apenas suas próprias metas de vendas, em vez de trabalhar junto com os varejistas para entender e alcançar os objetivos deles. Quando a Tempur Sealy descobriu o que o herói queria e criou uma campanha para ajudá-lo a atingir suas metas, as vendas de todo mundo aumentaram.

Quando os donos de empresas entendem que o cliente é o herói e o tratam como tal, vendem mais. E o mais interessante: fazem isso sem precisar vender. Essa questão pode parecer complexa à primeira vista, mas é mais simples do que parece. Para *enxergar as coisas como partes de uma narrativa*, basta pensar em cores.

Contarei uma experiência pessoal para ilustrar a questão.

Há muito tempo, uma empresa de banda larga me pediu consultoria para sua equipe de vendas. Estavam com dificuldades para fechar negócios, pois gastavam tempo demais explicando os detalhes técnicos de seus produtos. Os clientes ficavam confusos, como se tivessem sido apresentados a um problema matemático complicado, em vez de uma solução para seus problemas. Para ajudar a empresa a transformar o cliente no herói, eles me pediram para revisar alguns de seus materiais de vendas.

O primeiro documento que me mostraram foi uma proposta de duas páginas. Se aprovada, resultaria em uma venda milionária. O texto era claro e bem-estruturado, mas faltava algo: uma história. A proposta descrevia os produtos que, na visão deles, o cliente precisava, mas o tom era monótono e sem apelo emocional. Simplesmente não era interessante.

Expliquei para a equipe de vendas como funcionava um pitch de vendas que convidava o cliente para uma história. Destaquei que uma história quase sempre é sobre um herói que supera um problema para ter uma vida melhor. Nossas reuniões aconteciam no Zoom, então compartilhei minha tela e comecei a usar cores diferentes para desconstruir a proposta.

"Qualquer texto que descreva o problema do cliente, destacarei em vermelho", eu disse. "Qualquer um que fale sobre a vida que o cliente poderá ter se comprar seu produto, destacarei em azul. As partes em que vocês falam sobre seus produtos, destacarei de roxo". Ao final, todos ficaram surpresos: o documento estava coberto de roxo.

Tudo o que haviam feito na proposta foi falar sobre si mesmos e seus produtos, sem enquadrar nenhum deles como uma ferramenta que o cliente poderia usar para resolver seus problemas e viver feliz para sempre. Isso é exatamente o oposto de um pitch de vendas milionário.

Consertar a proposta para que ela honrasse o cliente como herói foi fácil. Escrevemos algumas frases no início da proposta para identificar o problema do cliente (em vermelho) e, depois, adicionamos outras no final para descrever a vida que o cliente teria se aceitasse a proposta (em azul).

Depois de colorir a proposta com o código de cores, conseguimos ver que tínhamos convidado o cliente para uma história. A proposta começava com um pouco de vermelho, passava para o roxo e terminava com uma pincelada de azul. Em outras palavras: ela identificava o problema do consumidor, descrevia o produto como a solução para tal problema, e pintava um quadro da vida que seria possível assim que o problema fosse resolvido. De repente, tínhamos um pitch de vendas milionário.

A equipe de vendas fechou o negócio, em grande parte, porque soube transformar o cliente no herói e o convidou para uma história.

Essa consultoria foi tão útil que desenvolvi um esquema de cores que permite a qualquer pessoa fazer excelentes pitches de vendas, escrever bons e-mails e elaborar propostas melhores. Esse esquema até nos ensina a *pensar seguindo a lógica de uma história* em conversas casuais.

Desde então, adicionei alguns elementos narrativos e codifiquei as cores para que você possa ver, rapidamente, se está ou não convidando o cliente para uma boa história. O esquema das cores é semelhante ao modelo de marketing *StoryBrand*, mas, como a estrutura de vendas precisa ser prática, eu a simplifiquei.

A melhor forma de entender o modelo de vendas *O cliente é o herói* é como os acordes de um violão. Cada cor é um acorde, e você pode usá-los para criar inúmeras melodias. Quando você aprende a tocar os acordes, pode compor suas próprias canções. Da mesma forma, se incluir as cores adequadas (problema, solução e transformação) em suas propostas, pitches de vendas e e-mails, o cliente "ouvirá a música" e será atraído pela história.

Se você quiser vender mais, pegue seus principais produtos e crie uma proposta comercial utilizando o modelo *O cliente é o herói* e seu código de cores. Mas não pare por aí. Use esses mesmos pontos em diferentes apresentações. O modelo *O cliente é o herói* se tornará sua arma secreta para fechar mais vendas.

Qualquer proprietário de pequena empresa que *enxergar as coisas como partes de uma narrativa* terá o equivalente a um motor a jato acoplado à asa esquerda de seu negócio. Se sua equipe de vendas também enxergar assim, o impulso será ainda maior. Não há dúvida de que as vendas aumentarão.

O esquema de cores do modelo *O cliente é o herói* funciona da seguinte maneira:

- O problema do cliente: vermelho
- Seu produto como a solução: roxo
- O plano de três ou quatro etapas: marrom
- A consequência negativa da qual você está salvando o cliente: amarelo
- O resultado positivo que seu cliente terá: azul
- Seu convite à ação: verde

Se conseguir incluir duas ou mais cores em uma interação com o cliente — seja um e-mail, uma apresentação ou uma conversa durante o almoço —, você o estará convidando para uma história; assim, ele será mais propenso a prestar atenção. Se conseguir incluir três ou quatro cores, melhor ainda. Se conseguir incluir as seis, terá criado um pitch de vendas milionário sem nem precisar pensar em "vender".

O segredo é tornar esse processo natural a ponto de você intuitivamente pensar em forma de história.

Como é convidar um cliente para uma história?

Imagine que você está em uma festa e encontra duas pessoas que têm a mesma profissão. Ambas possuem o mesmo tipo de pequeno negócio, oferecem o mesmo serviço, com a mesma qualidade e preço.

Você inicia uma conversa com a primeira pessoa e pergunta o que ela faz. Ela, então, responde: "Sou um chef particular. Vou até sua casa e cozinho".

Provavelmente, você acharia essa pessoa interessante e, por curiosidade, poderia perguntar como ela entrou na carreira de gastronomia. Talvez quisesse saber onde ela estudou ou quais são seus restaurantes favoritos na cidade. A conversa seria casual e, possivelmente, agradável, mas dificilmente você pediria o telefone dela para contratar seus serviços. Na verdade, talvez nem passasse pela sua cabeça que um chef particular poderia ser exatamente o que você e sua família precisam.

Mais tarde, você encontra a segunda pessoa e faz a mesma pergunta: "O que você faz?". A resposta, no entanto, é diferente: "Você já reparou que a maioria das famílias não janta mais junta? E, quando jantam, muitas vezes não comem de forma saudável. Sou um chef particular. Vou até a sua casa e preparo refeições para que você e sua família possam se conectar uns com os outros desfrutando de uma boa refeição. E, quando vocês terminam, não precisam se preocupar com a louça".

Essa é uma forma bem diferente de responder à mesma pergunta. É provável que você considere contratar essa pessoa, pois ela o convidou para uma história.

E qual é a história? Você — o pai herói — contratou um chef particular para que pudesse se conectar melhor com a sua família no jantar. Quando você ouve essa história, é mais provável que queira vivê-la. O que você precisa fazer para viver essa história? Contratar essa pessoa para ser seu chef particular.

Como usar o esquema de cores *O cliente é o herói* para vender?

Vamos detalhar o esquema de cores para entender como essa metodologia narrativa funciona.

Identifique o problema do cliente — vermelho

Se você tiver que utilizar apenas uma cor em sua conversa, deve ser o vermelho. O texto destacado em vermelho representa o problema que o cliente está enfrentando. Essa cor tem o poder de engajar o cliente mais do que qualquer outra.

O problema é o gancho da história. Até que o herói se depare com um obstáculo, nós não nos envolvemos emocionalmente. É por isso que, em filmes, o herói enfrenta um conflito logo no início. Quando o problema é apresentado, é aberta uma "lacuna narrativa" na mente do público que faz com que todos queiram saber: "Será que o herói conseguirá resolver esse problema?".

O mesmo acontece durante um pitch de vendas. Quando você identifica o problema do cliente, uma "lacuna narrativa" se abre na mente dele. E a única coisa capaz de fechar essa lacuna (ou seja, resolver o problema) é o seu produto ou serviço. Em outras palavras, o cliente é fisgado.

Ao mencionarmos o problema, o cliente pensa: "Você tem uma solução? Sua solução funcionará para mim?".

Por que o problema é tão importante em um pitch de vendas?

Seres humanos são máquinas de resolver problemas. Somos programados para enfrentar desafios e superá-los. Quando observo minha filha de dez meses aprendendo a levantar uma colher e esfregar papinha de bebê na testa, estou vendo a formação de uma eterna resolvedora de problemas, começando sua jornada para resolver (e superar) os milhões de desafios divertidos e empolgantes que a vida colocará diante dela.

As pessoas adoram tanto resolver problemas que, se não tiverem nenhum, inventam. Você já esteve perto de alguém que gosta de fazer drama? Por que essa pessoa faz isso? Porque quer ter um problema para discutir, dar opinião e tentar resolver.

Nós adoramos pensar em problemas e depois resolvê-los.

Por esse motivo, o cliente só começa a considerar a compra quando vê nosso produto como a solução para o seu problema. Até que conecte seu produto ao problema dele, o cliente não pensará muito no que você está oferecendo. Portanto, a coisa mais importante que você pode fazer é falar sobre o problema do cliente. Quando você faz isso, ele passa a prestar mais atenção.

Vamos analisar o que o nosso chef de sucesso disse utilizando o esquema de cores baseado no modelo *O cliente é o herói*:

"Você já reparou que a maioria das famílias não janta mais junta? E, quando jantam, muitas vezes não comem de forma saudável."

Logo de cara, ele abre uma lacuna narrativa; e faz mais do que isso. Ele está, na verdade, qualificando o cliente. Ao dizer: "Você já reparou que a maioria das famílias não janta mais junta?", ele está tentando descobrir se a pessoa com quem está falando tem o problema que o produto dele resolve. Se a resposta for sim, o cliente já está interessado em ouvir o resto da frase. Se não, ele pode continuar a conversa e seguir em frente. Quando o assunto é vendas, seu principal objetivo é descobrir se a pessoa com quem você está falando tem o problema que seu produto resolve. Sem pressão, sem manipulação, sem conversas forçadas ou enganosas.

A questão é a seguinte: comece todo pitch de vendas identificando o problema do cliente.

Apresente seu produto como a solução — roxo

Algo incrível acontece quando você posiciona seu produto como a solução para um problema: o valor percebido dele aumenta exponencialmente.

Na vida, atribuímos valor a uma única coisa: soluções. Um cirurgião cardíaco é valorizado por ser a solução para um problema de saúde que pode ser fatal. Um carro familiar seguro é a solução para qualquer ansiedade que possamos ter ao transportar nossos filhos em um veículo perigoso. Um relógio Rolex é a solução para um desejo de status e prestígio.

Se formos sinceros, até as pessoas que amamos podem ser vistas como soluções para nossos problemas emocionais. Minha esposa, por exemplo, é a solução para minha solidão e para meu desejo de romance, família e aventura. Eu a valorizo muito porque ela é uma solução maravilhosa para o que poderia ter sido um grande problema em minha vida. Até mesmo nossos filhos podem ser vistos como soluções para o desejo do nosso coração por significado e para nossa necessidade natural de se sacrificar e se alegrar com outra pessoa.

A questão é a seguinte: em um pitch de vendas, você precisa falar sobre seu produto como a solução para um problema; assim, as pessoas com quem você está conversando darão muito mais valor a ele.

Sempre que começo a ler um livro de não ficção, minha mente procura responder a uma pergunta: "Que problema este livro me ajudará a resolver?". Se não conseguir responder a essa pergunta em algumas páginas, minha mente começa a divagar, e o livro acaba na pilha de livros não lidos em minha mesa de cabeceira.

É simples: valorizamos pessoas e coisas que resolvem problemas.

Aqui vai outra verdade: o valor percebido de um produto aumenta ou diminui com base na gravidade do problema que ele resolve. Quanto mais sério for o problema, maior será o valor que atribuímos à sua solução. Explicar como o seu produto resolve um problema é crucial para o valor dele.

Voltemos à resposta do chef sobre o que ele faz, e vejamos como ele apresenta seu serviço como uma solução para um problema:

"Você já reparou que a maioria das famílias não janta mais junta? E, quando jantam, muitas vezes não comem de forma saudável. Sou um chef particular. Vou até a sua casa e preparo refeições".

Quando o chef começa falando do problema que o cliente pode ter e, em seguida, apresenta seu serviço como a solução, o ouvinte decide que tal serviço é valioso. Além disso, o chef abre e fecha uma lacuna narrativa:

"O que fazemos se não jantamos mais juntos em família? Contratamos esse chef para vir à nossa casa e cozinhar."

Quando abrimos uma lacuna narrativa ao mencionar o problema e, em seguida, nós a fechamos ao posicionar nosso produto como a solução, estamos convidando o cliente para uma narrativa. Lembre-se: toda história é sobre um herói que deseja algo e precisa superar um conflito para conseguir. O relato sobre como a família dele pode superar o desafio de não jantar mais junta ao contratar um chef particular é uma ótima forma de engajar um cliente em potencial — se (e somente se) ele tiver o problema que descrevemos.

Se seguirmos apenas os dois primeiros passos do modelo *O cliente é o herói*, conseguiremos fechar mais vendas. E isso é um fato. Incluir uma ou duas frases em vermelho e outras uma ou duas em roxo no seu e-mail, proposta, apresentação ou até mesmo em conversas informais pode aumentar suas chances de fechar mais vendas. Muito mais vendas.

Mas ainda não terminamos. Existe mais uma cor que podemos adicionar para tornar essa história ainda mais atraente para o cliente.

Ofereça um plano para o seu cliente — marrom

A essa altura, o cliente já sabe que você tem uma solução para o problema dele. No entanto, muitas vezes, isso não é suficiente para ele efetuar uma compra.

Como discutimos ao falar sobre o modelo *StoryBrand* no marketing, a hesitação do cliente em comprar algo geralmente está ligada ao risco que ele precisa assumir. Ele pode perder dinheiro, sentir-se um tolo ou descobrir que o produto ou serviço não atende às suas necessidades como imaginava. Em resumo, a questão envolve uma mudança de vida, e a maioria das pessoas tende a resistir a mudanças.

Analisemos com mais atenção o momento de pausa e apreensão que o cliente vivencia durante uma compra. Ao perceber que você tem uma solução para a questão o que o preocupa, ele precisa decidir se adquirirá ou não essa solução. Nesse ponto, ele pode sentir uma espécie de dissonância cognitiva — aquela sensação de confusão ou preocupação, mesmo sem saber exatamente por que está se sentindo assim.

Imagine a jornada do cliente como uma caminhada por uma trilha na floresta. De repente, a trilha desce em direção a um rio de correnteza forte. Ao oferecer ao cliente um plano, você constrói uma ponte que vai do problema até a sua solução. Essa ponte pode ser construída ao incluir um plano de três etapas que o cliente pode seguir para comprar o seu produto e resolver o problema.

Por exemplo, se nosso amigo chef apresentasse um plano de três etapas na narrativa que propõe aos clientes, poderia ser algo assim:

> "Você já reparou que a maioria das famílias não janta mais junta? E, quando jantam, muitas vezes não comem de forma saudável. Sou um chef particular. Vou até a sua casa e preparo refeições. Se algum dia você quiser saber como é, o processo é simples. Nós fazemos uma rápida reunião de 30 minutos para descobrir o que sua família gosta de comer, se há alergias alimentares, e outros detalhes. Depois, vou até a sua casa e preparo o jantar. Isso custa R$ 500. Se quiser que isso seja algo recorrente, podemos ajustar ao horário da sua família."

Você percebeu o plano de três etapas do chef? Primeiro, ele faz uma reunião. Depois, vai até a casa do cliente e prepara uma refeição. Por fim, ele oferece a possibilidade de criar um acordo de recorrência.

Com um plano de três etapas, o cliente tem mais chances de atravessar a ponte, do problema para a solução.

Quando o chef apresentou ao cliente um plano passo a passo, ele fez duas coisas: primeiro, reduziu o senso de risco. O cliente provavelmente já estava interessado no serviço com base no que o chef havia explicado, mas não faria nada por conta de muitas incertezas. Com que frequência o chef estaria na casa dele? Seria estranho ter o chef ocupando a cozinha? O chef conseguiria cozinhar de acordo com as alergias alimentares da família? Quanto tudo custaria? E se a família não gostasse da comida?

Após apresentar o plano simples, o chef reduziu o risco do cliente ao dividir o processo em pequenos passos.

A segunda coisa que ele fez foi dar ao cliente uma visão clara do que o futuro poderia ser. Seres humanos não gostam de mudanças, nem mesmo as boas, porque toda mudança é arriscada. E se, depois de contratar o chef, a vida piorar, em vez de melhorar? Quando o chef antecipou o futuro do cliente, ele substituiu o medo por uma visão positiva.

Suponhamos que você venda colchões. Você sabe que o cliente sofre com dores nas costas e que o colchão que ele tem só está agravando a situação. Mesmo assim, ele não compra um novo. Por quê? Existem razões. E se o colchão novo piorar as dores nas costas? O que fazer com o velho? E se o colchão novo for ótimo no começo, mas perder a firmeza com o tempo? Talvez não valha a pena. Quem pode garantir? No fim, é um risco caro de se correr.

No entanto, se o representante de vendas apresentar um plano de três etapas, é possível aliviar todos esses medos. Ele só precisa dizer: "Primeiro, entregamos o colchão na sua casa. Segundo, levamos o colchão velho embora. E, terceiro, oferecemos uma garantia. Se em 90 dias você não gostar do colchão, nós o pegamos de volta e aplicamos o valor do seu investimento em qualquer outro colchão da nossa loja".

O ponto é o seguinte: quando você constrói uma ponte que liga o problema à sua solução, você alivia o risco, torna o processo de transição claro e aumenta as chances de o cliente atravessar a ponte e efetuar uma compra.

Lembre-se disso ao elaborar o plano de três ou quatro etapas: explique como é fácil a transição de não usar seu produto e ter um problema, para usar seu produto e resolver o problema.

Não deixe seu cliente parado à beira do rio, olhando com medo para a água corrente. Construa uma ponte sugerindo-lhe um plano. Agora que começamos com o problema, posicionamos nosso produto como a solução e construímos uma ponte entre o problema do cliente e a nossa solução, é hora de criar um senso de urgência.

Exponha os riscos e crie um senso de urgência — amarelo e azul

Não há nada melhor do que um final feliz em um filme. Quando o casal se casa, o vilão é capturado ou o advogado vence o caso, nós comemoramos. Lembro-me como se fosse ontem: eu, criança, de pé na cadeira, vibrando enquanto Daniel vencia o torneio em Karatê Kid. Por quê? Porque eu havia passado a última hora roendo as unhas, temendo que Daniel fosse derrotado pelo valentão e humilhado na frente da garota de quem ele gostava. Em outras palavras, os contadores de histórias me deram ótimos motivos para me importar.

O mesmo fator que prende a atenção em um filme pode aumentar o engajamento dos clientes na história a que você os está convidando.

Para aumentar o engajamento, contadores de histórias "expõem os riscos" ao lembrar constantemente o público do que está em jogo — o que pode ser ganho ou perdido dependendo do sucesso ou fracasso do herói.

Se prestar atenção, você perceberá que roteiristas costumam antecipar cenas clímax. Às vezes, elas são chamadas de "cenas obrigatórias" porque o contador de histórias tem a obrigação de mostrá-las ao público. Certo dia, minha família e eu estávamos assistindo *A lenda do tesouro perdido*. Cerca de quinze minutos após o início do filme, o personagem de Justin Bartha se vira para Nicolas Cage e diz: "Eles tentarão roubar a Declaração de Independência", ao que Nicolas Cage responde com um tom sombrio: "E nós vamos impedi-los".

Pronto. Agora sabemos que haverá uma cena em que Nicolas Cage tentará impedir os vilões de roubar a Declaração de Independência. Essa é a cena obrigatória.

Na verdade, muitas vezes, o roteirista escreve a cena obrigatória primeiro e depois volta e escreve o resto do filme para que tal cena seja o mais emocionalmente satisfatória possível. Um bom roteiro geralmente é construído de frente para trás, começando pelo final.

Nas vendas, a lógica é a mesma: você precisa antecipar uma cena obrigatória que seu cliente pode vivenciar.

Por exemplo, se você é um corretor de imóveis e quer vender uma casa, descubra o que a proprietária mais odeia na casa em que mora e antecipe uma cena obrigatória que envolva a resolução desse problema. Sua cliente odeia o fato de que o banheiro da suíte principal tem apenas uma pia? Ótimo. Lembre-o de como é difícil para ela e o marido se arrumarem de manhã usando apenas uma pia. Deixe claro para ela que a casa terá um banheiro espaçoso com *duas pias.*

Percebe o que o corretor de imóveis fez? Ele antecipou uma cena em que a compradora do imóvel está de pé em um banheiro espaçoso com duas pias. Esse tipo de visão cria um senso de urgência na compradora para fechar a lacuna narrativa na mente dela e comprar a casa nova e melhor.

Lembre-se, a cena obrigatória é sempre a cena em que o principal problema da história é resolvido. Portanto, se você prestar atenção e entender o problema que seu cliente espera resolver e, em seguida, antecipar uma cena obrigatória em que o problema dele é resolvido usando seu produto ou serviço, o desenrolar da história para a qual ele está sendo convidado será direcionado para essa resolução obrigatória.

Por que antecipar uma cena clímax aumenta o engajamento do cliente?

Quando você antecipa uma cena de grande tensão cria algo chamado dissonância cognitiva, que é exatamente o que dá tração narrativa às histórias. A dissonância cognitiva é, basicamente, uma tensão que cresce até ser liberada pela resolução do problema. Ela nem sempre é desconfortável — muitas vezes, ela é divertida e envolvente. Afinal, quem nunca ficou ansioso para saber se seu time ganhará o campeonato ou não?

Para o corretor de imóveis, antecipar tal cena gera uma pequena dissonância cognitiva que só será resolvida com um banheiro no qual haja duas pias.

À medida que ele percorre cada uma das casas que mostra à cliente, ela pode antecipar como seria a realidade de viver naquela casa: Nancy teria espaço de sobra no banheiro; Jim teria uma cerca no quintal e nunca mais teria que andar pelo bairro no meio da noite procurando o cachorro; não seria necessário subir escadas para olhar o bebê. Perfeito; são três cenas clímax que o corretor antecipou, canalizando a energia para a resolução de três problemas diferentes na história do cliente.

Cada vez que o corretor menciona uma cena clímax, a cliente sente duas coisas. Primeiro, ela se sente ouvida. Em vez de falar sem parar sobre taxas de hipoteca, espaço nos armários e o novo aquecedor de água — três coisas que a cliente nem tinha mencionado —, o corretor ouviu e entendeu a história dela e a está guiando na direção em que ela deseja ir. Segundo, a cliente sente que existe uma forma prática de terminar a busca pela casa ideal.

Adicione riscos para aumentar ainda mais a urgência

Os benefícios não são a única forma de aumentar a urgência em uma história. Quando você adiciona possíveis riscos em seu pitch de vendas, elas aumentam ainda mais.

Nancy continuará esbarrando no marido no pequeno banheiro da suíte? Jim continuará vagando pelo bairro à procura do cachorro o tempo todo? Que experiências negativas seus clientes terão — ou continuarão a ter — se não comprarem seu produto?

Quando pintamos uma imagem do sucesso que nosso cliente terá, junto com as frustrações que nosso produto ou serviço evitará, é mais provável que ele faça um pedido. Adicionaremos alguns benefícios e riscos ao diálogo que nosso amigo chef está tendo na festa:

> "Você já reparou que a maioria das famílias não janta mais junta? E, quando jantam, muitas vezes não comem de forma saudável. Sou um chef particular. Vou até a sua casa e preparo refeições.
> Se algum dia você quiser saber como é, o processo é simples. Nós fazemos uma rápida reunião de 30 minutos para descobrir o que sua família gosta de comer, se há alergias alimentares, e outros detalhes. Depois, vou até a sua casa e preparo o jantar.

Antes de ler o próximo capítulo, aceite o seguinte desafio:

Algumas propostas de vendas funcionam e outras não. Mas por quê? Nós sabemos o motivo. As que funcionam podem ser bastante diferentes entre si. Algumas são engraçadas, outras, sérias. Certas propostas são apresentadas por visionários carismáticos, enquanto outras são feitas por profissionais sem carisma. No entanto, existe uma coisa que todas as boas propostas de vendas têm em comum: elas convidam os clientes (ou eleitores ou partes interessadas) para uma história na qual o cliente é o herói e usa SEU produto para resolver um problema na vida DELES. Não há exceção. Essas são as propostas de vendas que funcionam.

Se você deseja elaborar uma proposta de vendas que realmente fecha negócios — e nós as chamamos de "propostas milionárias", porque podem fazer qualquer pequena empresa faturar milhões —, você precisa incluir cinco elementos-chave de uma história. E precisa fazer isso em uma ordem específica.

Para ajudá-lo, usarei cores a fim de facilitar a visualização de como uma proposta de vendas bem elaborada funciona na prática.

Outro motivo pelo qual imprimimos o capítulo em cores é que isso incentiva alguns leitores a irem direto para este capítulo — e isso é ótimo. Se você aceitar o desafio de implementar essa estrutura para aumentar sua receita, poderá adotar as outras cinco, que também o ajudarão a impulsionar o crescimento da sua pequena empresa.

Se você é dono ou gestor de uma pequena empresa, aprender essa estrutura pode ser o maior fator de impacto para fazer sua turbina esquerda (vendas) funcionar com potência máxima.

Isso custa R$ 500. Se quiser que seja algo recorrente, podemos ajustar ao horário da sua família.
Restam apenas alguns jantares em família antes que os filhos sigam seus próprios caminhos.
Meus clientes aproveitam o jantar e realmente se envolvem uns com os outros. Dia após dia, eles se conhecem um pouco melhor e se sentem apoiados, ouvidos e cuidados. Tudo isso porque, pelo menos por alguns dias na semana, não precisam cozinhar."

Você percebeu que adicionar benefícios e riscos gerará um senso de urgência?

Introduzir riscos no seu pitch de vendas faz com que a história à qual o cliente é convidado se torne mais interessante.

Agora adicionaremos o ponto final da conversa e começaremos a fechar algumas vendas.

Convide seu cliente à ação — verde

O que separa os melhores vendedores dos demais é que eles não têm medo de pedir o sim do cliente. Jerry Jones, proprietário do Dallas Cowboys, certa vez afirmou que existem três regras nos negócios: a primeira é sempre pedir o dinheiro, e ele não conseguia se lembrar das outras duas.

Se você ficar bom em convidar seu cliente à ação, sua pequena empresa crescerá.

Ainda assim, solicitar o pagamento é desconfortável para muitos proprietários de pequenas empresas, pois eles se sentem forçando e insistindo com o cliente. Mas e se mudarmos a forma de ver essa interação? O que realmente acontece quando pedimos pelo fechamento de uma venda?

Se você realmente soubesse o que está acontecendo na mente do cliente depois de convidá-lo para uma história, pediria o fechamento da venda todas as vezes. O que quero dizer é o seguinte:

Anos atrás, minha esposa e eu tivemos que lidar com uma longa espera em um aeroporto no exterior. Decidimos dar uma volta e olhar as lojas no terminal, que era praticamente um shopping dentro do aeroporto. Enquanto passeávamos, encontrei uma vitrine de joias com uma bela exposição de relógios. Já fazia pelo menos dois anos que queria comprar um bom relógio. Alguns anos antes, havia conseguido levar minha empresa a ultrapassar uma importante meta de receita, e tinha prometido a mim mesmo que, ao atingir tal meta, eu me daria uma pequena recompensa — algo que pudesse usar no pulso e passar para meus filhos quando crescessem. Mas dois anos tinham se passado e não comprei o relógio.

Comprei relógios bonitos para amigos e membros da equipe, mas sempre me pareceu luxuoso demais comprar algo assim para mim mesmo. Minha esposa continuava implicando comigo para comprar o relógio, mas não parecia certo.

O vendedor se aproximou e perguntou se eu queria experimentar algum. Disse que sim e apontei para um relógio social bonito e ideal para quem busca sua primeira peça do tipo. Quando ele perguntou por que eu estava interessado naquele relógio em particular, disse que havia levado minha empresa a ultrapassar uma meta e que vinha adiando a ideia de me dar uma recompensa há anos. Ele sorriu e disse que eu certamente merecia. Agradeci, mas, no final, tirei o relógio e disse que continuaria pensando no assunto.

"Então você não quer comprar esse relógio", ele afirmou categoricamente.

"Não hoje", eu respondi relutante.

Então ele fez algo que achei especial e pelo qual sou grato até hoje.

"Don, você gostaria que eu embalasse este relógio para que você possa levá-lo para casa e mantê-lo como um símbolo da sua conquista?", ele perguntou com um sorriso no rosto e uma expressão que parecia dizer: "Deixe-me ajudá-lo a se ajudar".

Parei por um momento para considerar a pergunta e então disse: "Sim. É exatamente isso que quero que você faça".

Quando voltei para minha esposa e mostrei o relógio, ela ficou chocada.

"Finalmente!", ela exclamou. "É lindo. O que fez você comprar este modelo?".

Disse a ela que não sabia. Naquele momento, era verdade; eu realmente não sabia o que me havia feito tomar a decisão. Agora eu sei. Escolhi aquele relógio porque o vendedor me deu permissão para fazer o que eu já queria fazer: ele me deu permissão para eu dar a mim mesmo um presente.

E sabe de uma coisa? Eu amo aquele relógio. Um dia, eu o darei para um dos meus filhos ou para um amigo, e lhe direi que é difícil construir uma empresa, mas que, se ele perseverar e continuar oferecendo valor aos clientes, os sonhos dele podem se tornar realidade.

Não consigo expressar o quão grato sou por um vendedor em um aeroporto ter sido profissional e confiante o suficiente para me incentivar a agir. Eu já queria o relógio e tinha o dinheiro. Só precisava de um pequeno empurrão.

Às vezes, seu cliente só quer que você dê permissão para ele fazer o que já quer fazer — efetuar a compra

É provável que você não se considere um vendedor profissional, mas se você gerencia ou é proprietário de uma pequena empresa, aprender a convidar seus clientes à ação pode aumentar sua receita de maneira significativa.

O vendedor de relógios não estava me manipulando. Ele sabia que eu podia pagar pelo relógio porque havia contado a ele que minha empresa havia crescido, e também sabia que eu queria o relógio por um bom motivo. O que ele fez ao me convidar à ação foi me dar um pouco mais de confiança de que eu estava tomando uma boa decisão. Ele só queria me assegurar que não me arrependeria de comprar o relógio, e ele estava certo — não me arrependi nem por um segundo.

A maioria dos proprietários de pequenas empresas tem medo de parecer insistente ou manipulador, por isso não convidam claramente o cliente à ação em seus pitches de vendas. Como consequência, as interações de vendas soam passivas e fracas, como esta:

"Foi ótimo conversar com você. Se precisar da minha ajuda ou quiser falar mais, estou à disposição".

O que o cliente ouve quando se depara com um convite à ação tão fraco é:

"Não acredito que meu produto resolverá seu problema, mas quero que você goste de mim mesmo assim. Se algum dia quiser me fazer uma caridade em troca deste produto que provavelmente não atenderá às suas necessidades, por favor, faça isso, porque tenho uma hipoteca para pagar e filhos para alimentar".

Esse convite à ação carece de confiança.

Quando falo de confiança, não me refiro à confiança em si mesmo. Com certeza quero que confie em si mesmo como pessoa, mas você não precisa disso para ser bom em vendas. O que você realmente precisa é ter confiança em uma coisa: que seu produto resolverá o problema do cliente.

Se você não tem certeza de que seu produto pode resolver o problema do cliente, pare agora mesmo e melhore seu produto. Continue trabalhando nele até que funcione melhor do que qualquer outra coisa no mercado (para aquele preço) e, em breve, você terá toda a confiança necessária para vendê-lo.

As pessoas que representam produtos de qualidade não pedem desculpas por oferecer seu produto ao cliente. Elas sabem que seu produto ou serviço vale a pena.

Se você sabe que seu produto ou serviço resolverá os problemas do cliente, convide-os à ação com confiança.

Seja claro em seus convites à ação

Outro erro comum que proprietários de pequenas empresas cometem ao convidar clientes à ação é não deixar claro o que eles precisam fazer. Frases como "Você gostaria de saber mais?" ou "Estaria interessado em experimentar?" não são convites à ação claros. Um bom convite à ação diz exatamente o que o cliente precisa fazer para comprar o produto ou iniciar o processo de compra.

Frases como: "Posso embalar isso para você?", "Podemos estar lá na quinta-feira para instalar a máquina. Você quer comprá-la hoje?" são frases que não deixam o cliente confuso. Um bom convite à ação não oferece ao cliente *um caminho a se pensar*, mas *uma decisão de compra para aceitar ou rejeitar*. É uma pergunta de sim ou não.

Voltemos ao exemplo do nosso amigo chef:

> "Você já reparou que a maioria das famílias não janta mais junta? E, quando jantam, muitas vezes não comem de forma saudável. Sou um chef particular. Vou até a sua casa e preparo refeições.
>
> Se algum dia você quiser saber como é, o processo é simples. Nós fazemos uma rápida reunião de 30 minutos para descobrir o que sua família gosta de comer, se há alergias alimentares, e outros detalhes. Depois, vou até a sua casa e preparo o jantar. Isso custa R$ 500. Se quiser que isso seja algo recorrente, podemos ajustar ao horário da sua família.
>
> Restam apenas alguns jantares em família antes que os filhos sigam seus próprios caminhos.
>
> Meus clientes aproveitam o jantar e realmente se envolvem uns com os outros. Dia após dia, eles se conhecem um pouco melhor e se sentem apoiados, ouvidos e cuidados. Tudo isso porque, pelo menos por alguns dias na semana, não precisam cozinhar.
>
> Tenho um horário disponível na próxima quinta-feira para conversar sobre cozinhar para a sua família. Você gostaria de agendar esse encontro?"

Depois que o chef dá ao cliente uma opção de compra a aceitar ou recusar, o cliente passa a ter clareza sobre o que precisa fazer para resolver seu problema. Com isso, ele pode tomar a decisão de entrar na história ou seguir um caminho diferente.

A rejeição não é o fim do mundo

Se você der aos clientes a opção de aceitar ou rejeitar algo, é provável que tenha mais rejeições do que costumava ter antes de incluir um bom convite à ação em seu pitch de vendas. Infelizmente, é a realidade. Muitas pessoas não estarão prontas para fazer uma compra, não importa o que você faça, e isso pode levar a uma conversa desconfortável em que rejeitam sua oferta.

Mas isso é fácil de resolver. Se o chef for rejeitado, ele só precisa dizer algo como: "Se você conhecer alguém que poderia se beneficiar de um chef particular, entre em contato comigo. Tenho espaço na agenda para mais duas famílias. Mas chega de falar sobre mim. E você, com que trabalha?".

A partir desse momento, você já deixou clara a história para a qual está convidando a pessoa, e não há necessidade de continuar vendendo. O segredo para se vender algo é a clareza, não a insistência. Ao mudar de assunto e conhecer um pouco mais com quem está falando, você elimina todo o desconforto causado pela rejeição. A chave para aceitar a rejeição sem criar uma situação estranha é você, o vendedor, tranquilizar o cliente por ter decidido não seguir adiante.

Quando a pessoa percebe que você não está nem um pouco desconfortável por ter sido rejeitado, ela também não se sentirá assim. Na verdade, ela o respeitará ainda mais, porque, ao contrário da maioria, você não tem medo de pedir o que quer.

A rejeição faz parte da vida e não é motivo de preocupação para as pessoas de sucesso. Afinal, o cliente não está rejeitando você, ele só está dizendo que não tem o problema que você é capaz de resolver. Ótimo. Se algum dia tiver esse problema, agora ele sabe a quem recorrer. E mais, se tiver um amigo que tenha esse problema, ele pode indicar você.

A boa notícia sobre incluir um bom convite à ação em seu pitch de vendas é que, embora sofra mais rejeições, você também venderá mais do que nunca.

Como você deixou o convite à ação mais claro, mais pessoas decidirão comprar seu produto e a turbina da esquerda gerará mais impulso. Na verdade, você verá que, quando fizer seu convite à ação de forma clara, suas vendas aumentarão incrivelmente.

Uma das principais diferenças entre proprietários de pequenas empresas bem-sucedidos e malsucedidos é que, embora ambos vendam um bom produto, os bem-sucedidas deixam seus convites à ação o mais clab ros possível.

Memorize seu convite à ação

Bons convites à ação não surgem do nada. Todos nós sentimos um pouco de timidez quando chega o momento de pedir para que o cliente faça a compra.

Depois de aprender o modelo de vendas *O cliente é o herói* com o esquema de cores, você começará a convidar os clientes para participarem de uma história de forma mais intuitiva. No entanto, se há uma parte do modelo em que faz sentido memorizar uma frase para repeti-las várias vezes, é o convite à ação.

Pedir que as pessoas comprem algo pode ser assustador. Mas se você memorizar seu convite à ação e usá-lo como uma frase pré-definida, verá que ele funciona. E quanto mais funcionar, mais natural será repeti-lo.

Imagino que o vendedor da loja de joias no aeroporto já tenha dito a frase: "Gostaria que embalasse isso para que você possa levar no avião?" para milhares de pessoas, muitas das quais, como eu, responderam com um sim. E, mais uma vez, sou grato por ele ter essa frase preparada, porque gosto daquele relógio e fico feliz por tê-lo comprado.

O convite à ação que você memoriza pode ser algo assim: "Minha equipe pode cortar sua grama neste sábado e cuidar da sua jardinagem semanalmente. Quer que vamos até sua casa no sábado? Posso deixar a fatura na sua caixa de correio".

Qualquer jardineiro que usar essa frase toda vez que oferecer um serviço acelerará a turbina da esquerda e fará seu negócio crescer rapidamente.

Se você tem um produto no qual acredita, confie nele e convide seus clientes à ação.

Quando você aprende a transformar o cliente no herói da história usando as seis cores que apresentei neste capítulo, você consegue criar pitches de vendas milionários de maneira intuitiva, sem nem precisar pensar em "vender". Com esse pitch de vendas, o chef que mencionamos poderia facilmente faturar milhões no setor de culinária e buffet ao longo de poucos anos e, se expandisse o negócio para outras cidades e contratasse mais chefs para a equipe, faturaria outros milhões. Não se trata de coerção nem vendas, mas clareza. Lembre-se, quando os clientes entendem como o seu produto pode resolver o problema deles, eles compram o que você está oferecendo.

Aumente a potência da sua turbina da esquerda transformando o cliente no herói

Anos atrás, quando minha empresa era bem menor, fiquei em dúvida sobre contratar um representante de vendas em tempo integral. Havíamos expandido a empresa devido a nosso funil de vendas e não estávamos tendo nenhum problema em encontrar e atender clientes. Portanto, contratar um representante parecia um risco desnecessário.

Mas, depois de pensar sobre a questão, percebi que esses profissionais geralmente recebem um pequeno salário-base e ganham o restante de sua renda por meio de comissões. Se você está construindo um avião, isso é ótimo, porque seus custos fixos (neste caso, a folha de pagamento) permanecem baixos e só aumentam se o vendedor vender o suficiente para gerar comissões. Então, decidi contratar um representante de vendas.

Essa se provou uma das melhores decisões que já tomei. Meu novo representante de vendas transformou o cliente no herói e fechou a mesma quantidade de vendas que meu funil de marketing era capaz de fechar, o que quase dobrou nossa receita.

Hoje em dia, temos uma pequena equipe de vendas que continua respondendo por mais de 50% de nossos lucros. Nossos motores direito e esquerdo estão acelerando pelo céu e, além disso, como recebemos feedback constante de nossa equipe de vendas sobre o que nossos clientes desejam, conseguimos criar novos produtos que aumentam a força e o tamanho das asas.

Se você tem um produto que os clientes adoram e está pensando em contratar um representante de vendas, recomendo que faça isso.

Apenas certifique-se de que ele saiba como transformar o cliente no herói da história, e a turbina da esquerda provavelmente ajudará você a voar mais longe e mais rápido.

Ainda não está pronto para contratar um representante? Entendo. Mas aqui vai um pequeno desafio que o ajudará a acreditar ainda mais no modelo de vendas *O cliente é o herói*: use a planilha do *Plano de voo para pequenas empresas* ao final do livro (ou use a versão digital gratuita em OnlineSalesScript.com) e elabore uma proposta comercial que gere milhões de reais para o seu negócio.

Você tem um exemplo preenchido no final do livro que permitirá que você pense nos pontos perfeitos para usar em um pitch de vendas. Existe alguma venda que você está tendo dificuldade em fechar? Ou algum produto sobre o qual você poderia escrever algo e enviar para a sua lista de e-mails?

Desafio você a usar a planilha para escrever uma apresentação a respeito do produto, fechar algumas vendas e colocar milhares de reais em sua conta operacional. Quando fizer isso, você perceberá que é simples acelerar o seu motor direito e fazer o seu negócio crescer.

Agora, daremos uma olhada no que esses motores direito e esquerdo estão realmente vendendo. Otimizaremos sua oferta de produtos para garantir que seu avião decole com mais força e facilidade. Observaremos as asas do seu avião.

Se você está achando difícil criar bons pitches de vendas, nossa equipe de design desenvolveu uma ferramenta no site SmallBusinessFlightPlan.com que colore o seu pitch de vendas automaticamente. Eu a uso o tempo todo para ajudar clientes a desenvolver pitches de vendas persuasivos. Sinta-se à vontade para usá-la também. É extremamente útil.

— CAPÍTULO 4 —

PRODUTOS

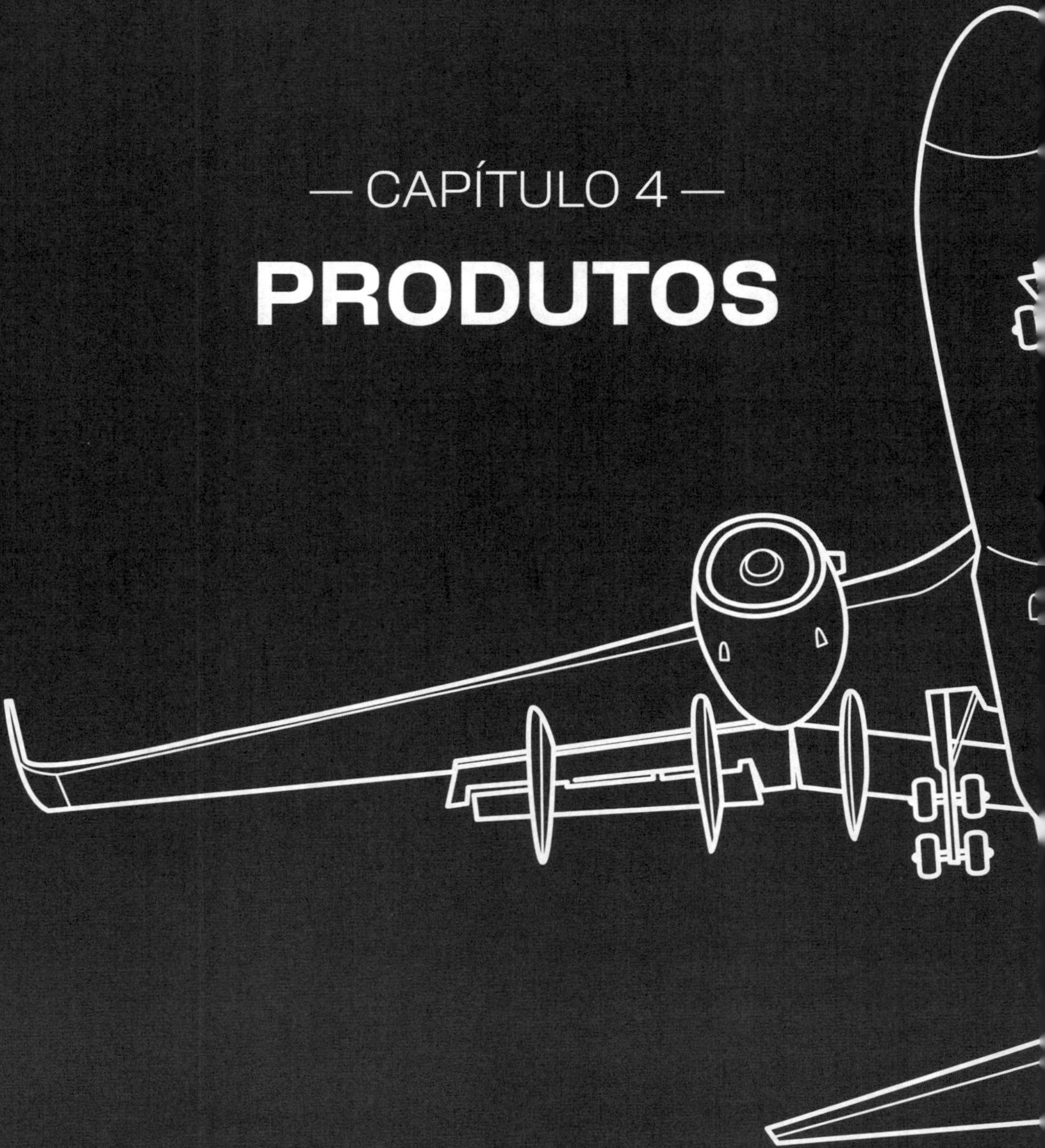

QUARTA ETAPA:
AS ASAS

Otimize sua oferta de produtos com o
Guia de otimização de produtos

A quarta etapa ajudará você a resolver os seguintes problemas:

- Você não sabe quais produtos realmente geram mais lucro.
- Você precisa de um novo produto que aumente sua lucratividade.
- Sua oferta de produtos está ficando desinteressante para seus clientes.
- Você perdeu horas e horas lançando um produto que não vendeu.
- Você precisa de mais dinheiro, e rápido.
- Seu negócio não possui um processo estabelecido para realizar
- vendas adicionais de produtos para os clientes.

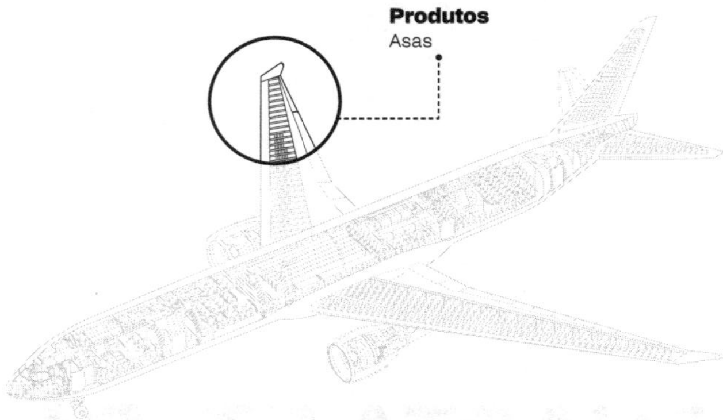

O que dá sustentação a um avião? As asas. Os motores direito e esquerdo, por mais potentes que sejam, não contribuem para a sustentação sem um conjunto de asas.

A mesma lógica se aplica a suas turbinas de marketing e vendas: só funcionam se houver produtos para vender. O que esse produto é, como foi desenvolvido, se está ou não sendo vendido junto com outros produtos, e quão lucrativo é — tudo isso influencia no sucesso ou fracasso do seu pequeno negócio.

Isso também vale para os produtos que você vende. Para que sua empresa decole, é preciso que suas turbinas de marketing e vendas movimentem os produtos. O tipo de produtos que você escolhe produzir e vender são tão cruciais para o crescimento do seu empreendimento quanto as asas são para um avião. Se os produtos não têm demanda ou não são lucrativos, é como se as asas do avião fossem pequenas demais. Um avião assim conseguiria voar? Sim, mas só se os motores de marketing e vendas forem potentes o suficiente para compensar a falta de sustentação.

Quando você otimiza sua oferta de produtos para atender à demanda e aumentar a lucratividade, e prioriza os produtos que geram mais sustentação, é como se estivesse ampliando e reforçando as asas do seu avião. Assim, ele consegue decolar com mais facilidade.

Agora, imagine que você precisasse aumentar sua receita em 25% nos próximos seis meses. Qual seria sua primeira estratégia?

Provavelmente, você pensaria em aumentar seus esforços de marketing e vendas. Faz sentido. Afinal, motores mais potentes fazem o avião voar mais rápido.

Mas e se essa opção não estivesse disponível? E se você tivesse que aumentar sua receita em 25% sem poder mexer no marketing e nas vendas? Nesse cenário, restaria apenas uma alternativa — e ela, muitas vezes, passa despercebida por donos de pequenas empresas: a otimização da oferta de produtos.

Quando o assunto é o crescimento de um negócio, raramente pensamos em otimizar nossa oferta de produtos, e isso é um erro. Milhares e até milhões de reais estão à sua espera. Tudo o que você precisa é otimizar os produtos que vende para aumentar a demanda e a lucratividade.

Recentemente, em meu podcast, conversei com duas mulheres que possuem uma escola de dança em Salt Lake City. Enquanto discutíamos formas de aumentar a receita, elas mencionaram que queriam abrir uma nova unidade. O que você acha que pensei quando ouvi isso? Pensei: "O avião vai ficar pesado!". Sim, abrir outra unidade poderia aumentar a receita, mas também geraria uma quantidade enorme de custos fixos adicionais.

Quando perguntei quais eram os principais produtos geradores de receita, elas me disseram que o primeiro era aulas de dança para crianças, seguido por aulas de *breakdance* (que, inclusive, estreou como esporte olímpico em Paris) e algumas outras modalidades de aula.

"Quanto vocês cobram para ensinar *break*?", perguntei.

"São R$ 1.250 por seis aulas", responderam.

"E essas aulas acontecem ao longo de seis semanas, certo?"

"Sim, nosso instrutor dá seis aulas de 1h30"

Depois que me contaram quanto o instrutor recebia e quantas pessoas se inscreviam em cada turma, percebi que o lucro não era lá grande coisa. Mesmo assim, na cabeça delas, a única forma de crescer era abrir outra unidade e replicar o modelo atual.

Esse é o pensamento de muitos donos de pequenos negócios. Não é uma forma ruim de pensar, mas também não é a melhor.

A pergunta que todos nós deveríamos fazer quando se trata de otimizar a oferta de produtos é a seguinte: como posso trabalhar o mesmo tanto que trabalho hoje e gerar duas, cinco ou até dez vezes mais receita?

Parece loucura, mas não é. Tudo que você precisa fazer é descobrir como trabalhar o mesmo tanto, mas oferecer duas, cinco ou dez vezes mais *valor* aos seus clientes.

Perguntei às proprietárias se estavam por dentro de todas as danças que estavam bombando nas redes sociais. Você sabe do que estou falando. Basta rolar o feed e metade dos vídeos mostra pessoas, famílias ou até grupos dançando.

"E se vocês fizessem o seguinte?", eu disse. "E se cobrassem R$ 50.000 para ensinar os funcionários de uma empresa a fazer uma coreografia e depois gravassem o vídeo da dança no local de trabalho deles? Isso seria difícil de fazer?", perguntei.

"Não", elas responderam. "É exatamente o que fazemos. Nós ensinamos as pessoas a dançar".

"Pois é", continuei, "mas se vocês ensinam uma criança a dançar, recebem R$ 1.250 ao longo de seis semanas e ainda precisam pagar pelo aluguel do espaço. Porém, se vocês ensinarem uma equipe corporativa a dançar, ganharão muito mais. Empresas estão sempre em busca de atividades que promovam a integração de equipe. E não só isso, se filmarem o vídeo no local de trabalho e a empresa usá-lo nas redes sociais, será uma ótima publicidade para eles. Também é uma ótima ferramenta de recrutamento, porque todo mundo quer trabalhar em um lugar onde há uma cultura divertida".

Pense no que acabamos de fazer. Encontramos uma forma de ajudar nossas amigas proprietárias da escola de dança a fazer o mesmo trabalho e cobrar cinco vezes mais. Para uma grande empresa, essa proposta é um investimento inteligente: é uma atividade de integração da equipe, uma ação publicitária e uma ferramenta de recrutamento. O valor de R$ 50.000 é uma pechincha para esse tipo de valor agregado, e a escola de dança aumentou o valor do seu produto sem aumentar o custo.

Outra convidada do podcast, uma cerimonialista de Chicago, enfrentava o desafio de fazer seu negócio crescer sem precisar de uma sócia. Ela cobrava um valor considerável por cada casamento, mas, como era apenas uma pessoa, sua capacidade de escalar o empreendimento era limitada. Durante a entrevista, otimizamos sua oferta de produtos criando um novo serviço chamado "Planeje seu próprio casamento".

Por 30 mil reais, ela ajudava os clientes a cumprirem um checklist completo, oferecendo acesso a vídeos passo a passo que ajudavam os casais a planejarem tudo, desde o espaço do evento até o buffet, as flores e receitas de coquetéis. Como bônus, os clientes que participassem desse processo passo a passo teriam direito a uma sessão presencial semanal de 1h30 com ela, para tirar dúvidas e resolver questões. De repente, nossa cerimonialista passou do planejamento de um casamento por vez para o de 10 ou 15 ao mesmo tempo. E tudo o que isso custou a ela foi apenas 1h30 por semana. Ela conseguiu planejar dez casamentos em uma fração do tempo que antes levaria para planejar apenas um. E, se alguém quisesse um upgrade com seus serviços totalmente presenciais, ainda teria a opção de pagar pelo serviço tradicional que ela já oferecia.

Outra ótima ideia para aumentar as asas do seu avião é o serviço de concierge. Tive um médico que me cobrava uma taxa mensal para ser "membro" do programa dele. A ideia era simples, ele prometia atender menos pacientes e dar mais atenção para cada um. Eu ainda precisava pagar uma taxa toda vez que tinha uma consulta, mas, quando ia ao consultório, ficávamos conversando por uma hora ou mais. Falávamos sobre dieta, exercícios, tendências de saúde e histórico familiar. Nunca me senti com pressa. Foi caro? Sim. Mas eu me importava tanto com minha saúde e longevidade que o preço valia a pena.

É possível fazer as asas do seu avião ficarem mais fortes, mais leves e maiores? Para praticamente todos que estão lendo isso, a resposta é sim. Você pode oferecer uma atenção mais personalizada por um valor *premium*, criar pacotes de produtos, transformar sua experiência em aulas online para grupos e cobrar uma taxa mensal por acesso a informações exclusivas. Mesmo que trabalhe representando os produtos de outra empresa e não tenha controle sobre eles, ainda assim você pode oferecer um serviço de assinatura, no qual os clientes recebem os produtos mensalmente.

Portanto, como podemos otimizar nossa oferta de produtos?

Existem três exercícios que você pode fazer para otimizar essa oferta. O primeiro é avaliar o que você oferece em termos de lucratividade. Nesse exercício, você analisará sua oferta atual e será honesto consigo mesmo sobre quais produtos estão gerando dinheiro e quais estão deixando o avião pesado. O objetivo é focar suas energias de marketing e vendas nos produtos mais lucrativos.

O segundo exercício é fazer um *brainstorm* de novos produtos. Você pensará em novos produtos que podem gerar mais receita e lucro. Essa atividade expande a área de superfície das suas asas. Quanto maior a superfície, maior a sustentação.

O terceiro exercício envolve fazer um briefing para decidir quais produtos você deve produzir para expandir seu negócio. Um briefing é um formulário que você preenche sempre que tem uma nova ideia de produto. Esse formulário ajudará você a perceber se a nova ideia é, de fato, boa ou se seria um desperdício de tempo, energia e dinheiro.

Quando você realiza esses três exercícios de maneira regular, melhora seu avião, e garante que suas asas estejam sempre otimizadas para gerar a maior sustentação possível. A propósito, esses três exercícios são o segredo de muitas empresas multibilionárias. Elas possuem processos completos de pesquisa e desenvolvimento, além de conselhos e comitês inteiros em constante movimento para criar produtos novos e melhores. Isso permite que elas acompanhem a concorrência e atendam às necessidades dos clientes, necessidades que estarão sempre mudando. Mesmo que você seja dono de uma pequena empresa, pode implementar processos semelhantes para otimizar sua oferta de produtos a fim de aumentar a receita e o lucro.

Primeiro exercício: classificar seus produtos em termos de lucratividade

Na correria da administração de um negócio, é fácil perder de vista quais produtos geram lucro e quais pesam o avião. Vender produtos que não são lucrativos é como amarrar pedaços de madeira nas laterais da aeronave e esperar que funcionem como asas: não haverá sustentação. Na verdade, qualquer produto que não seja lucrativo gera uma enorme resistência no avião, enquanto sobrecarrega os motores direito e esquerdo. Para que as asas do seu avião permaneçam leves e fortes, seus produtos precisam ser lucrativos e ter demanda.

Em alguns casos, um produto pode ser vendido com prejuízo para atrair clientes que compram produtos mais lucrativos, mas isso deve ser a exceção, não a regra.

O primeiro exercício que realizaremos para reforçar e aliviar as asas do nosso avião envolve classificar nossos produtos em ordem de lucratividade, do mais lucrativo para o menos lucrativo. Esse exercício nos obriga a encarar a verdade sobre o que realmente está pagando as contas.

Se você tem uma loja de varejo que vende centenas ou milhares de produtos, esse exercício pode ser muito trabalhoso. No entanto, você pode facilmente classificar os 50 produtos mais vendidos, que provavelmente respondem por 50% a 80% de sua receita.

O exercício de classificar produtos por lucratividade trará dois benefícios para você, enquanto proprietário de uma pequena empresa: ele mostrará de onde vem o seu dinheiro e dirá no que você deve focar seus esforços de marketing e vendas.

Ao classificar seus produtos por lucratividade, faça as seguintes perguntas:

1. Quanto custam as matérias-primas necessárias para a produção?
2. Quanto dos seus custos de mão de obra estão relacionados à criação, marketing e venda desse produto?
3. O produto tem prazo de validade? Se tiver, como o vencimento e o estoque não vendido afetam o custo dele?

O número que você está procurando é a diferença entre o preço pelo qual você vende um produto e o custo para produzi-lo, oferecê-lo e vendê-lo. É um pouco diferente do conceito de "custo dos bens vendidos", mas a ideia é a mesma.

É importante destacar que esse não é um exercício contábil oficial. Você não está preparando esse formulário para o governo nem mesmo para seu contador (embora não seja uma má ideia pedir a opinião dele). O objetivo é trazer clareza sobre como sua empresa está ganhando dinheiro.

Aqui está o processo que você deve seguir para classificar seus produtos:

1. Liste todos os produtos que você vende em uma lousa ou folha de papel. Se você for um varejista que vende milhares de produtos, tente listar seus 50 produtos mais vendidos.
2. Use sua intuição para classificá-los em ordem de lucratividade.
3. Faça uma verificação criteriosa para garantir que sua lista esteja correta e descubra quanto de lucro seus produtos realmente dão.

Se for possível, faça esse exercício com sua equipe de liderança. Ela terá perspectivas diferentes sobre quais produtos são lucrativos e quais não são.

Use a *Planilha de rentabilidade de produtos* que está em seu *Plano de voo para pequenas empresas* para realizar o primeiro exercício.

Planilha de rentabilidade de produtos

Business Made Simple

Nome do produto	Custo de produção	Custo para vender e promover	Custo de distribuição	Custo de suporte adicional	Custo total por unidade

Acesse a versão digital preenchível em SmallBusinessFlightPlan.com

Após identificar de onde vem o lucro do nosso negócio, precisamos fazer algumas perguntas difíceis:

1. Quanto do nosso tempo e recursos está sendo consumido na produção, marketing e distribuição de produtos que não são muito lucrativos?
2. Podemos parar de vender alguns desses produtos?
3. Nossos esforços de marketing e vendas estão alinhados com o nosso ranking de lucratividade?
4. Como podemos direcionar mais recursos de marketing e vendas para aumentar a saída dos itens com maior margem de lucro?

Você consegue vender mais do que já está funcionando?

Proprietários de pequenas empresas muitas vezes cometem o erro de acreditar que o caminho para aumentar a receita passa, necessariamente, pela criação e venda de novos produtos. Essa lógica faz sentido à primeira vista. Lançamos um produto, ele começa a vender, aproveitamos o fluxo de caixa e, então, pensamos: "Por que não replicar esse esforço com outro produto?". E assim o ciclo se repete.

Mas essa lógica só faz sentido se já tivermos saturado o mercado. A verdade é que a maioria das pequenas empresas ainda não saturou o mercado. Se podemos vender mais dos produtos de alta lucratividade que já estamos vendendo, por que não tentar isso antes de ter todo o trabalho de criar e lançar um novo produto? Em outras palavras, vamos fazer o fogo crescer jogando gasolina no que já está queimando.

O dinheiro que você precisa para expandir sua empresa pode estar bem na sua frente. Sua loja de animais de estimação tem um ótimo lucro com uma marca específica de ração para cães? Dobre seu próximo pedido dessa ração e aproveite para criar um expositor em uma posição de destaque na loja. Exponha o produto em sua próxima campanha de marketing, empilhe os sacos de ração até o alto da vitrine da loja e instrua sua equipe de vendas a mencionar a qualidade dessa marca específica de ração para todos os clientes que entrarem na loja para comprar um brinquedo para cachorro.

Se você já é conhecido por vender um determinado produto, é muito mais fácil vender mais desse mesmo produto do que tentar ser conhecido por vender outra coisa. Claro, ambas as estratégias são possíveis, mas vender mais do que você já vende é muito mais fácil.

Você consegue abrir mão de produtos que não estão dando lucro?

Agora que duplicamos os esforços no que já está funcionando, consideraremos a possibilidade de abrir mão dos produtos que não estão vendendo.

É claro que isso pode ser difícil ou até imprudente. Você talvez não lucre tanto vendendo chicletes, mas as pessoas que entram na loja para comprá-los acabam comprando também uma garrafa de refrigerante, que tem uma boa margem de lucro. No entanto, se desconsiderar esses produtos de lucro negativo ou os de equilíbrio financeiro (ou seja, sem lucro nem perda), com certeza existem itens que você pode eliminar por estarem consumindo muita energia mental e financeira. E se você cortasse esses produtos e focasse todo o seu marketing no que já está funcionando?

No mundo da literatura, existe uma frase famosa que se aplica ao mundo dos negócios: "Mate seus queridinhos". Essa frase ajudou a criar muitas obras literárias de destaque e também pode ajudar sua empresa a decolar.

Se há algo que precisa lembrar é que, se você puder cortar itens e simplificar sua oferta de produtos, faça isso hoje mesmo.

Segundo exercício: adicione novos itens lucrativos à sua oferta de produtos

Quando você para de gastar recursos de marketing e vendas em produtos que não geram lucro e redireciona esses recursos para produtos que realmente trazem dinheiro, as asas do seu avião ficam maiores, o que gera mais sustentação. Otimizar o desempenho das suas asas classificando seus produtos e alocando mais recursos para o que já está funcionando é o primeiro passo. O segundo é criar mais produtos que sejam tão ou até mais lucrativos do que os seus melhores desempenhos atuais.

Ao idealizar um novo produto, comece com a seguinte pergunta: o que posso trazer para o mercado que agregue o máximo de valor para o meu cliente?

Existem muitas categorias de produtos pelos quais as pessoas estão dispostas a pagar um valor *premium*, mas aqui estão as seis categorias que as empresas mais bem-sucedidas produzem — e que você também pode explorar para expandir sua oferta de produtos:

1. **Ganhar dinheiro**
Se o produto que você vende ajuda as pessoas a ganhar dinheiro, ele tem valor. Caso venda uma franquia, por exemplo, você está vendendo um negócio que as pessoas podem operar e gerar uma boa renda. Se você vende produtos no atacado para que outras pessoas revendam, está ajudando-as a ganhar dinheiro. Consultoria financeira, coaching e representação comercial também se enquadram nessa categoria, pois ajudam as pessoas a aumentar sua renda. Marketing e publicidade são ótimos exemplos de investimentos que as pessoas fazem para obter um retorno financeiro. Se você vende certificações para que as pessoas possam representar melhor sua marca ou oferece treinamentos sobre investimentos ou vendas, pode cobrar um valor *premium*, já que está proporcionando um investimento financeiro no qual seu cliente terá um retorno.

2. **Economizar dinheiro**

Se o seu produto ajuda os clientes a economizar dinheiro, eles estarão dispostos a pagar uma parte dessa economia para você. Por exemplo, se você vende painéis solares que, ao longo dos anos, economizarão milhares de reais nas contas de energia do cliente, você pode cobrar uma porcentagem dessa economia. Se você consegue negociar um contrato ou intermediar um negócio que economize dinheiro para seu cliente, também pode cobrar dele uma parte dessa economia.

3. **Reduzir frustrações**

Caso seu produto ou serviço seja capaz de aliviar o estresse e a ansiedade do cliente, você tem algo excelente para vender. As pessoas estão dispostas a pagar para ter paz, tranquilidade e soluções. As maiores frustrações que as pessoas enfrentam geralmente envolvem falta de tempo, conhecimento e organização. Desde serviços simples, como passear com cães, até outros mais complexos, como terapia ou aconselhamento, todos se enquadram nessa categoria.

4. **Ganhar status**

Se você tem um produto de luxo ou um item com acesso limitado, as pessoas investirão em sua marca. A Rolex vende relógios que têm praticamente a mesma qualidade de muitos outros relógios, mas as pessoas os compram como forma de afirmar seu sucesso e conquistas. Um carro de luxo, uma cobertura de alto padrão ou até uma mesa exclusiva em um restaurante renomado são exemplos de produtos *premium* que proporcionam uma elevada sensação de status e prestígio.

5. **Gerar conexão**

Se você conseguir juntar um grupo de pessoas com interesses e objetivos em comum, terá em mãos a base perfeita para criar um produto que as pessoas desejam. O desejo humano de conexão com outras pessoas que enfrentam desafios ou têm ambições semelhantes é uma mercadoria valiosa. Grupos de suporte, associações, comunidades online e clubes exclusivos são exemplos de produtos que se baseiam na necessidade de pertencimento. As pessoas pagam por isso porque querem fazer parte de uma comunidade.

6. **Oferecer simplicidade**
Quando um cliente tem um problema, ele não quer apenas resolvê-lo, mas que isso seja feito da maneira mais simples e fácil possível. Se você tem um serviço completo que pode resolver o problema do cliente de forma prática — seja com um único pagamento ou por meio de um modelo de assinatura, você terá um excelente produto. A maioria dos serviços de assinatura se enquadra nessa categoria. Se você corta minha grama, limpa minha casa ou gerencia minhas finanças, está simplificando minha vida, e aceitarei pagar um valor *premium* por isso.

Três maneiras comprovadas de gerar receita lucrativa a partir de agora

Agora que já conhecemos as seis categorias de produtos que estão sempre em demanda, precisamos definir como podemos embalar essas ofertas de forma a entregar o maior valor possível e ter o maior impacto positivo no resultado financeiro do nosso negócio. Aqui estão três excelentes ideias para começar:

1. **Assinaturas**
Não importa se você vende papel-toalha, consultoria financeira, ração para animais de estimação, ou alimentos, transforme sua oferta em uma assinatura diária, semanal ou mensal. Dê ao cliente a opção de escolher a frequência com que deseja receber, por exemplo, um saco de 20 kg de ração para cães, e comece a enviar conforme a programação definida. Para o cliente, isso representa

comodidade; para você, um fluxo constante de receita previsível e lucrativa.

2. **Certificações**

Se você está vendendo um conhecimento especializado, transforme-o em uma certificação e, assim, permita que outros repliquem o que você sabe. Sim, você pode certificar outras pessoas em praticamente qualquer área de especialização que possa ser convertida em um empreendimento (grande ou pequeno). Passou os últimos 20 anos oferecendo consultoria para aspirantes a jardineiros? Transforme seu conhecimento em uma certificação de consultores de jardinagem.

3. **Pacotes de ofertas**

Muitas vezes, seus clientes não vão até você procurando apenas um produto; eles querem que você resolva um problema. E se você facilitar essa solução, eles pagarão um preço maior por isso. Por exemplo, se você possui uma loja que vende cartões de aniversário, produtos de papelaria e artigos para festas, considere criar um "Pacote de festa de aniversário infantil" que inclua uma faixa de parabéns, pratos de papel, chapéus de festa e outros itens. Quando o cliente entrar na loja para comprar bexigas e uma faixa de parabéns, ele descobrirá que, com uma única compra, poderá resolver seu problema de não saber como decorar a festa de aniversário do filho. Se for criar pacotes de soluções, comece identificando os três principais problemas que seus clientes buscam resolver ao procurar sua empresa. Em seguida, crie pacotes baseados nessas necessidades. Por exemplo: um pacote *Novo filhote* seria perfeito para uma loja de animais de estimação. *O melhor Dia dos Namorados de todos* poderia ser uma oferta incrível para uma agência de viagens. Seja criativo. Lembre-se de que seus clientes não estão buscando você para comprar um produto, mas para resolver um problema. Se você organizar a solução em um pacote conveniente, suas vendas aumentarão de forma significativa.

Terceiro exercício: faça um briefing dos produtos

Uma das grandes vantagens de administrar uma pequena empresa é a capacidade de tomar decisões de maneira rápida. Um serviço que não existia ontem pode passar a existir hoje. Empresas maiores enfrentam a burocracia de comitês e testes de mercado, mas você não.

Porém, tenho uma notícia que pode ser ruim — ou talvez não, dependendo de como você encare a questão. A notícia é que esses processos de criação de produtos existem por um motivo. À medida que sua empresa cresce, o espírito empreendedor pode acabar atrasando você porque, quanto mais pessoas fizerem parte da empresa, mais difícil será fazer mudanças. Quando uma companhia grande tem um líder visionário que começa a tomar decisões rápidas, metade da equipe não tem ideia de que o negócio seguiu uma nova direção, o que gera confusão e irritação.

A solução, inclusive em pequenas empresas, é começar a usar briefings de produtos.

Se você for um empreendedor visionário, a ideia de fazer briefings pode parecer tão útil quanto despejar xarope no motor de um avião. Eu entendo. Quando começamos a fazer briefings de produtos em meu negócio, eu tinha certeza de que o processo emperraria o fluxo e nos deixaria mais lentos. Mas aqui está a grande verdade: o objetivo de um briefing é gerar dúvidas. E, acredite, a dúvida é sua amiga. Se a ideia que você e sua equipe têm for capaz de passar pelo campo minado das perguntas de um briefing, então ela tem muito mais chance de evoluir e melhorar o seu faturamento. No entanto, se você não fizer um briefing para validar suas ideias, seu negócio acabará sendo atrasado por produtos ruins que chegam ao mercado e não vendem.

O preenchimento de um briefing inicia um processo no qual você e sua equipe passam uma ou duas semanas fazendo um esforço criterioso antes de lançar um novo produto ou serviço. Durante a elaboração do briefing, vocês analisam se a nova ideia interferirá nas fontes de receita já existentes, confundirá os clientes, será lucrativa e sustentável, ou inflará seus custos operacionais (a fuselagem do avião), causando mais mal do que bem.

Para aqueles empreendedores controladores, que gostam de construir as asas do avião enquanto ele já está decolando, prestem atenção: desacelerar para criar um briefing de produto pode retardar o crescimento no curto prazo, mas permitirá que seu negócio cresça muito mais.

Nossos métodos improvisados podem nos dar a sensação de liberdade, mas a verdade é que estamos deixando um rastro de estresse enquanto seguimos em frente. Quando decidimos criar um "novo produto" e, uma semana depois, mudamos de ideia, corremos o risco de desgastar nossa equipe. Sem contar que não parar para analisar o plano e avaliar o potencial da ideia é agir como um amador. Se algum dia você quiser vender sua empresa, os investidores e compradores perceberão a falta de profissionalismo logo na segunda reunião de análise. Eles notarão que os processos da empresa dependem inteiramente de você e que não podem ser replicados. Isso reduz o valor da sua empresa.

Se você deseja profissionalizar suas operações, é necessário fazer briefings dos produtos.

Conheço um empresário que deixou sua equipe tão furiosa que eles se reuniram e, juntos, escreveram uma carta dizendo que ele era impulsivo e inconsistente demais. Na carta, sugeriram algumas práticas e processos que facilitariam o trabalho de todos e, consequentemente, o ajudariam. Sabe qual foi a resposta dele? Ele demitiu toda a equipe. Alguns haviam trabalhado com ele fielmente por mais de dez anos. Até hoje, ele se recusa a falar com eles. O que aconteceu depois? Agora, ele está cercado por uma equipe de subordinados mal pagos e resignados, que não lhe dão feedbacks honestos por medo de represálias. Como consequência, ele vive passando vergonha publicamente, especulando sobre os produtos que lançará. Sua empresa, que tem potencial para faturar 500 milhões de reais, nunca passará de 15 ou 20 milhões.

Aqueles que precisam controlar tudo odeiam briefings de produtos. Sei disso porque também já fui assim. E ainda seria se não tivesse descoberto que minha equipe é, na verdade, mais inteligente do que eu. Eles têm relações mais próximas com muitos dos nossos clientes e lembram melhor do que eu os erros que já cometemos no passado. Não sigo o processo de briefing de produtos porque sou um bom chefe e empresário (embora queira ser). Sigo-o porque é um pilar fundamental para a construção de um negócio melhor e mais lucrativo.

O feedback que recebo de um briefing costuma ser assim: "Se implementarmos essa ideia, iremos contra o grande anúncio público que fizemos no início do ano, o que pode confundir a percepção dos clientes a respeito de quem somos e o que fazemos. Pior ainda, perderemos horas de trabalho que seriam necessárias para a produção dos nossos itens mais lucrativos a fim de testar essa nova ideia".

Também já vi um briefing aprimorar muito uma ideia que já era boa.

A questão é a seguinte: o briefing de um produto me proporciona as informações de que preciso antes que gaste tempo e dinheiro (custo operacional) para levar o produto ao mercado.

Receber feedback negativo nem sempre significa que a ideia deva ser abandonada. Muitas vezes, as críticas revelam riscos que podem ser mitigados antes de qualquer iniciativa.

Cada nova ideia, seja um produto, um serviço ou um plano de marketing, é como um tijolo na parede da sua empresa. O improviso e a pressa até podem ajudar você a construir sua empresa rapidamente, mas muitos tijolos estarão rachados ou mal ajustados. Sim, um briefing pode desacelerar as operações diárias, mas, quando você o implementa, seu negócio se torna mais forte e confiável.

Quando engenheiros projetam um avião, eles testam o design das asas em túneis de vento antes de instalá-las na aeronave. Pequenas alterações podem resultar em uma melhor eficiência de combustível, maior sustentação e menor resistência ao ar. Sem o túnel de vento, o avião inteiro precisaria ser construído para testar as asas. Se o design fosse inadequado, isso inflaria os custos de produção, pois seria necessário refazer todo o projeto — ou pior, descartar tudo de vez.

Coloque seus produtos no túnel de vento do briefing antes de lançá-los.

Use briefings de produtos para qualquer iniciativa importante

Briefings podem ser aplicados a muito mais do que só produtos. Em minha empresa, é tão comum fazermos um briefing para uma nova iniciativa de marketing quanto para um novo produto. Quando penso em todas as tentativas de marketing fracassadas que joguei na mesa da minha equipe antes de adotarmos o processo de briefings de produtos, pergunto-me quanto tempo desperdiçamos testando ideias que poderiam ter sido "testadas" por meio do formulário de um briefing.

Se você quer criar produtos que vendem, iniciativas de marketing que realmente funcionam e uma cultura corporativa estável, comece a implementar o processo de briefing hoje mesmo.

O formulário de briefing de produtos

A *Planilha de rentabilidade de produtos* e a *Planilha de briefing do produto* estão disponíveis em seu *Plano de voo para pequenas empresas.*

Planilha de briefing do produto

Business Made Simple

Responsável pelo projeto: ______

NOME DO PRODUTO

1. Qual é o nome do produto? ______
2. Ele descreve bem o produto e comunica seu valor?
3. O nome é confuso ou irá gerar um problema no mercado?

DESCRIÇÃO DO PRODUTO

1. Que problema este produto resolve para o nosso cliente?
2. Como o produto resolve o problema do cliente?
3. Descreva os benefícios que o cliente terá se usar o produto:
4. Descreva os detalhes, componentes ou características deste produto e como eles ajudarão os clientes:

MENSAGEM CENTRAL

1. Para quem estamos vendendo este produto?
2. Temos acesso ao público-alvo deste produto? Se sim, como?
3. Como definiremos o problema do cliente em nossos materiais de marketing?

Acesse a versão digital preenchível em SmallBusinessFlightPlan.com

4. Qual é a nossa frase de efeito?

PESQUISA DE MARKETING DE ALTO NÍVEL

1. Existe uma demanda comprovada para este produto no mercado?

2. Enviamos uma pesquisa para os clientes garantindo que desejam este produto? Quais perguntas fizemos na pesquisa e quais foram as respostas?

3. Se oferecermos este produto, com quem competiremos?

    a. Estamos com preços acima ou abaixo da concorrência?

    b. Como estamos posicionados em relação à concorrência? (O que torna nosso produto melhor?)

FINANÇAS

1. Qual é o preço deste produto e como determinamos este preço?

2. Será lucrativo?

3. Quanto nos custará para produzir? Quanto nos custará para manter? (Precisamos contratar equipe de suporte, mais suporte técnico etc.?)

4. Quem será responsável pela receita relacionada a este produto?

Acesse a versão digital preenchível em SmallBusinessFlightPlan.com

PROJEÇÃO DE VENDAS (DE ACORDO COM A BASE DE CLIENTES ATUAL)

1. Quais são as metas de vendas para 30-60-90 dias?
2. Qual é a projeção de receita no primeiro ano relacionada a este produto?
3. Qual é a meta de unidades vendidas no primeiro ano?

VALIDAÇÃO DO PRODUTO

1. Este produto causará algum problema com os produtos existentes?
2. Este produto incomodará algum cliente atual ou futuro? Por quê?

DATAS IMPORTANTES

1. Quando este produto será lançado?
2. Quando a landing page deste produto será criada?
3. Quando o anúncio de pré-lançamento será feito para os clientes atuais?

PLANO DE VENDAS E MARKETING

1. Quando concluiremos os principais componentes de vendas e marketing deste produto?
   a. Frase de efeito: ______
   b. *Landing page:* ______
   c. Gerador de leads: ______
   d. E-mails de vendas: ______
   e. Material para redes sociais: ______

Acesse a versão digital preenchível em SmallBusinessFlightPlan.com

Dependendo do produto ou da campanha de marketing, nem todas as perguntas da planilha serão aplicáveis. Responda as que se aplicam para conduzir uma conversa objetiva e estratégica sobre essa importante decisão de negócios, e ignore as que não forem relevantes.

Seus produtos determinam seu progresso e lucro

Lembre-se, a maioria dos empresários não pensa em otimizar sua oferta de produtos; contudo, lançar o produto certo pode ser uma forma rápida e eficaz de melhorar o resultado financeiro.

Se você fizer as três coisas a seguir, as asas do seu avião serão otimizadas e seu negócio crescerá:

1. Classifique seus produtos com base na lucratividade, e considere eliminar os que não são lucrativos ou não estão em demanda.
2. Apresente aos seus clientes novos produtos que aumentem sua receita e lucratividade.
3. Implemente um briefing de produtos que garanta o sucesso de novos produtos e iniciativas.

Depois de definir a missão da sua empresa, turbinar seus motores de marketing e vendas, e gerar sustentação para o seu negócio ao otimizar sua oferta de produtos, é hora de deixar o avião mais leve. O próximo passo para fazer o seu negócio crescer envolve o uso de um manual de gestão e produtividade. Se você tem dificuldades para gerir sua equipe e se questiona se os membros dela realmente sabem o que devem fazer, nosso *Guia fácil de gestão e produtividade* resolverá esse problema.

— CAPÍTULO 5 —

OPERAÇÕES

QUINTA ETAPA:
A FUSELAGEM

Simplifique suas operações com o Guia fácil de gestão e produtividade *Parte inferior do formulário*

A quinta etapa ajudará você a resolver os seguintes problemas:

- Muitas pessoas da equipe estão desempenhando múltiplas funções.
- Seus funcionários não recebem feedback constante.
- Sua cultura organizacional parece um caos disfarçado.
- Seus líderes precisam melhorar a forma como gerenciam.
- Você tem reuniões demais e elas não são produtivas.
- Os membros da sua equipe estão menos focados do poderiam.

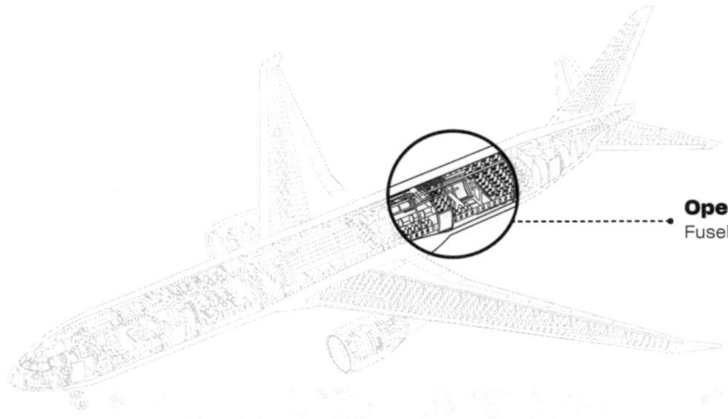

Se a fuselagem do avião for grande demais para ser sustentada pelas asas e turbinas, ele cairá. É por isso que, quando você embarca em um daqueles aviões menores de voos regionais, precisa abaixar a cabeça para passar pela porta. Existe uma razão para aeronaves terem o formato de um lápis voador. Formato, tamanho e peso precisam ser o mais leves e aerodinâmicos possível para reduzir a necessidade de energia, sustentação e combustível.

Pequenas empresas funcionam da mesma maneira. Os produtos que vendemos e os esforços de marketing e vendas que movimentam esses produtos devem compensar (e, de preferência, superar) os custos operacionais necessários para manter as operações diárias.

Para que um avião voe, as asas devem ser largas, as turbinas, potentes, e a fuselagem, leve e enxuta. Em outras palavras, se você quer que sua pequena empresa dê lucro, faça com que as turbinas de marketing e vendas sejam potentes, que os produtos sejam lucrativos e que os custos operacionais sejam baixos.

Mas como podemos manter os custos operacionais enxutos?

Se você precisasse reduzi-los em 20% amanhã, por onde começaria? Muitos de nós começaríamos examinando as faturas do cartão de crédito ou listando os serviços de assinatura mensal que não usamos. Essas são, de fato, boas opções para começar, mas economizar dinheiro é apenas parte da equação. Essas questões não representam a verdadeira origem dos custos excessivos. A realidade é que os gastos mais altos não são assinaturas mensais nem aquele representante de vendas que usa o cartão da empresa sem controle.

Para a maioria das pequenas empresas, os custos operacionais fora de controle vêm de um único lugar: a mão de obra.

O aumento dos custos operacionais pode levar uma empresa à falência. Tecnologia e aluguel também podem ser caros, mas a mão de obra é o que pode derrubar o avião mais rápido do que qualquer outra coisa. O maior custo sempre foi e sempre será a mão de obra. Mesmo que você seja um microempreendedor, é provável que esteja contando com freelancers e fornecedores para realizar as tarefas mais pesadas. Nesse caso, é provável que o custo com mão de obra esteja fazendo a fuselagem do seu avião inflar mais rápido do que uma bexiga de festa de aniversário.

Ao conversar com proprietários de pequenos negócios, ouço histórias muito parecidas quando o assunto é custos operacionais. A empresa estava indo bem, então o proprietário decidiu contratar algumas pessoas para ajudar. Mas o custo com mão de obra acabou sendo maior do que ele esperava. Fora que gerenciar os novos funcionários fez com que o proprietário saísse da sua "zona de excelência", o que resultou na queda das vendas. No entanto, o custo de mão de obra continuou o mesmo. E, assim que o nariz do avião começou a inclinar para baixo, o proprietário precisou demitir todas as pessoas que tinha acabado de contratar.

Se a mão de obra é o que mais afeta custos operacionais, então, como podemos reduzir os custos operacionais? Muitos podem pensar que a resposta é simples: demitir pessoas.

De fato, quando equipes de *turnaround* (especialistas em recuperação de empresas) entram em grandes empresas para estabilizar o avião em queda livre, a primeira coisa que fazem é analisar os custos de mão de obra e começar a demitir pessoas. Reduzir o espaço do escritório e simplificar a tecnologia são coisas que só acontecem meses depois, porque o problema mais urgente e caro geralmente é a folha de pagamento.

Se você quiser reduzir o peso da fuselagem e tornar a aeronave mais aerodinâmica, abra as portas de emergência e comece a jogar os assentos para fora. Quanto menos pessoas no corpo do avião, melhor. Infelizmente, para muitos proprietários de pequenas empresas, isso significa despedir parentes e amigos: sua tia que faz a contabilidade, seu melhor amigo do colégio que ajuda na área de tecnologia, e seu sobrinho que está lá atrás limpando as peças antes de serem enviadas para soldagem.

Fazer cortes na folha de pagamento muitas vezes significa cortar laços com pessoas que você ama, ser renegado pela própria família e rotulado como aquele capitalista ganancioso que só pensa em dinheiro e em si mesmo. Sei que é difícil, mas, se for preciso, você tem que fazer isso, e sem demora. Para alcançar a grandeza, precisamos ser frios e calculistas, certo?

Nem tanto.

Se você conseguir racionalizar sua equipe com um *Guia de gestão e produtividade*, transformando todos os assentos do avião em acréscimos de alta performance às asas e turbinas, estas partes do avião crescerão de maneira proporcional à fuselagem.

Pense nisso: e se, em vez de demitir todo mundo, você conseguisse transformar sua equipe inteira em um time de profissionais focados no crescimento do negócio e comprometidos com o lucro? Isso significa que sua empresa começaria a crescer e seus custos operacionais deixariam de ser um gasto para se tornar um investimento.

Sim, é importante revisar suas faturas de cartão de crédito e cancelar algumas dessas assinaturas mensais, mas, sem dúvida, a coisa mais importante que pode ser feita para enxugar custos operacionais (fazendo com que o avião voe tão rápido a ponto de a pintura se soltar da fuselagem) é implementar um *Guia de gestão e produtividade*.

O guia que apresentarei neste capítulo não reduzirá seus custos operacionais de imediato. Se o seu avião está em queda livre, talvez seja necessário demitir algumas pessoas. Detesto isso, mas, às vezes, é necessário para salvar o avião.

No entanto, se você ainda tiver um pouco de tempo antes de ficar sem dinheiro, podemos racionalizar sua equipe para que o trabalho seja feito em menos tempo e com foco nas três prioridades econômicas definidas em sua *Declaração de missão*. Isso, por sua vez, pode salvar sua empresa de uma queda iminente.

Quando sua equipe de trabalho está focada nas suas três prioridades econômicas, mais dinheiro flui para o negócio. Isso permite que as asas, as turbinas, os tanques de combustível e a cabine de comando se alinhem à fuselagem inflada, em vez de você precisar reduzi-la.

A melhor forma de reduzir a fuselagem não é diminuindo seu tamanho, mas aumentando o resto do avião enquanto sua folha de pagamento permanece exatamente a mesma (exceto pelas comissões dos representantes de vendas e bônus baseados no lucro, que, com sorte, aumentarão).

Mesmo que você não esteja enfrentando problemas com custos operacionais, a implementação de um *Guia de gestão e produtividade* ainda é uma boa ideia por vários motivos. Otimizar o fluxo de trabalho aumentará seu lucro, energizará sua equipe e melhorará o moral. Sem contar que seus clientes receberão mais atenção, e a qualidade de seus produtos e serviços aumentará.

O problema que parece não ter solução

Quando comecei minha pequena empresa, não precisávamos de um *Guia de gestão e produtividade*. Eu tinha apenas um membro na equipe, e nos reuníamos todas as manhãs para conversar sobre o que trabalharíamos naquele dia. O sistema era eficiente e enxuto. Depois, contratamos mais uma pessoa para a equipe. Com certeza, adicionar um terceiro membro trouxe uma camada extra de complexidade, mas, como todos trabalhávamos no mesmo escritório pequeno, a comunicação era ótima e raramente ficávamos confusos sobre o que deveríamos estar fazendo.

À medida que o negócio cresceu, contratamos alguns designers freelancers, depois programadores, e, em seguida, redatores e videomakers. Como você provavelmente sabe, quando alguns membros da equipe (freelancers ou não) trabalham de maneira remota, alinhar o fluxo de trabalho se torna mais difícil. Em determinado momento, lembro de ter ouvido uma conversa por telefone e percebi que um dos nossos colaboradores havia passado a semana inteira trabalhando em um projeto que já havíamos cancelado no mês anterior. Todo o trabalho daquela semana foi perdido. É assim que os custos operacionais saem de controle: quando você tem membros da equipe trabalhando em tarefas que não sustentam as prioridades econômicas da empresa. Se isso não for controlado, a empresa afundará.

Infelizmente, a maioria dos pequenos negócios nunca percebe que a fuselagem do avião está ficando pesada demais. Como chefes, sentamo-nos na cabine de comando, definindo destinos e traçando o curso, enquanto o pessoal fica se perguntando para onde estamos indo e por quê.

Como são pessoas boas, elas trabalham muito e até inventam trabalho para si mesmas quando não recebem orientações claras. Se não tomarmos cuidado, podemos acabar voando com um avião cheio de pessoas ocupadas com tarefas irrelevantes.

Para garantir que todos da equipe fossem bem gerenciados, promovi um dos nossos líderes a chefe de equipe (*chief of* staff) e isso ajudou, mas essa pessoa nunca havia ocupado esse cargo e, sem um sistema formal, os resultados foram inconsistentes.

Sempre parecia haver uma desconexão entre a cabine de comando e a fuselagem do avião, porque os líderes estavam ocupados demais traçando o curso e abastecendo os tanques de combustível. Como não fazíamos muitas reuniões com os funcionários e não fornecíamos a eles um guia para seguir, nossos esforços para estabilizar o avião não funcionavam. Continuávamos com colaboradores correndo de um lado para o outro, sem saber no que deveriam estar trabalhando.

Quando percebemos que não conseguiríamos resolver o problema sozinhos, contratamos um executivo de uma grande empresa para ajudar.

E isso foi um erro.

A maioria das grandes empresas resolve esse tipo de problema despejando grandes somas de dinheiro. Quando você tem um orçamento bilionário, isso funciona, mas essa não é a realidade das pequenas empresas.

Elas precisam operar de forma enxuta e não têm tempo para formar conselhos, executar grupos de teste ou aperfeiçoar práticas de contratação e assim por diante. Nós, proprietários de pequenos empreendimentos, não podemos nos dar ao luxo de ter o desperdício que uma grande corporação consegue absorver nas suas margens de lucro.

Quando percebemos que contratar especialistas não funcionou, começamos a entrevistar consultores de empresas de gestão e produtividade. Para contratar um consultor que nos ajudasse a implementar uma abordagem de gestão ou algum outro sistema de produtividade, o custo podia chegar a 500 mil reais por ano.

Nós não tínhamos esse dinheiro.

As soluções que encontramos eram complexas e, mais do que isso, pareciam ser projetadas para organizações muito maiores do que a nossa. Naquela época, tínhamos cerca de 12 funcionários e mais 12 terceirizados.

Os sistemas de gestão e produtividade disponíveis foram projetados para empresas com centenas ou milhares de funcionários.

O que precisávamos de verdade era de um *Guia de gestão e produtividade* para pequenas empresas.

Guia fácil de gestão e produtividade, pronto para o resgate!

Foi só quando meu amigo, Doug Keim, assumiu o controle da cabine de comando que começamos a racionalizar nosso fluxo de trabalho. Doug é um amigo de longa data que veio de uma grande corporação como um favor. Eu o conhecia como mentor há alguns anos e, apesar de ele ter passado a maior parte de sua carreira recuperando empresas multibilionárias, ele se interessou por mim e pelo caso da minha pequena empresa.

Quando ele concluiu um processo de reestruturação de três anos em uma grande empresa de Atlanta, perguntei se estaria disposto a passar um ano conosco para criar um *Guia de gestão e produtividade* para pequenas empresas. Expliquei a Doug que precisaríamos criar esse guia do zero, pois ele simplesmente não existia no mundo corporativo. A maioria das pequenas empresas "improvisa conforme avança". Doug entendeu e gostou do desafio. Sob sua liderança, projetamos um sistema de gestão e produtividade que passamos a utilizar em nossa empresa.

Chamamos o material de *Guia fácil de gestão e produtividade* porque era fácil de implementar, fácil de usar e, o mais importante, funcionava.

Foi incrível observar Doug em ação. Ele passava o tempo todo na fuselagem do avião, auxiliando a equipe a definir objetivos e superar desafios. Sua personalidade era mais parecida com a de um técnico de basquete do que com a de um executivo. Ele reunia a equipe, desenhava as jogadas, e depois os liberava para entrar em quadra por alguns minutos, a fim de que usassem sua intuição dentro dos limites de um conjunto de objetivos definidos.

Quando a equipe começava a improvisar demais, ele os chamava de volta, relembrava os objetivos, perguntava se havia algum feedback ou se queriam ajustar o plano. Se houvesse algum ajuste interessante, ele o fazia e depois mandava a equipe de volta para o jogo.

Finalmente, minha empresa começou a crescer. E não foi apenas crescimento — foi crescimento em uma época em que a empresa deveria ter diminuído (ou até falido). Quando trouxemos Doug, nossa empresa dependia em 75% de pessoas que precisavam viajar de avião para participar de nossos workshops de marketing e vendas presenciais. Apenas alguns meses depois que Doug se juntou à equipe e começou a implementar nosso novo *Guia fácil de gestão e produtividade*, a pandemia de COVID-19 paralisou o mundo inteiro.

Assistimos à pandemia fechar uma região inteira da China, e começamos a ouvir rumores de que o mesmo aconteceria nos Estados Unidos. No início, achei o cenário improvável, mas então comecei a receber ligações de amigos dizendo que o irmão, o tio ou a sobrinha que trabalhavam no Departamento de Estado ou na Guarda Nacional estavam ouvindo rumores preocupantes. Percebi que, independentemente do que fosse verdade, o ecossistema econômico estava prestes a ser abalado.

Minha mente ficou dividida. Metade de mim acreditava que nosso pequeno avião conseguiria se manter no ar por um milagre, enquanto a outra metade procurava um lago ou reservatório para tentar um pouso forçado na água.

Como uma empresa de coaching presencial conseguiu sobreviver a uma pandemia global em que as viagens foram suspensas? O *Guia fácil de gestão e produtividade* veio em resgate.

Já havíamos definido nossas três prioridades econômicas. Só essa decisão racionalizou nosso fluxo de trabalho mais do que qualquer outra coisa que havíamos feito até então.

Usando o novo guia, dividimos os 12 meses seguintes ao fechamento da economia em sprints de três semanas, cada uma voltada para uma das três prioridades econômicas.

Fizemos a transição de eventos presenciais para workshops online (algo que nossos clientes já nos pediam havia anos) e revisamos nossas iniciativas de marketing para focar em uma proposta de valor mais relevante: sobreviver à pandemia.

Confesso que a pandemia nos forçou a ter foco e urgência. Durante as reuniões de liderança, assumimos a postura de um time tentando vencer um campeonato nacional. Relembrávamo-nos de nossas três prioridades econômicas, definíamos e assumíamos as responsabilidades de cada um, e voltávamos ao trabalho por mais um dia.

Os resultados foram surpreendentes.

Em vez de cair em um lago qualquer no Kansas, a empresa cresceu mais de 20% em receita e quase 30% em lucro.

Não demitimos ninguém e ainda adicionamos colaboradores terceirizados para ajudar com a carga de trabalho.

Triplicamos nosso fundo de reserva (pense nisso como adicionar mil litros de combustível ao tanque de reserva em pleno voo) e distribuímos bônus no final do ano.

O guia funcionou.

E como funcionou tão bem, ainda o usamos e acredito que usaremos daqui a vinte anos, não importa o quão grande o negócio se torne.

O *Guia fácil de gestão e produtividade* pode ser usado por qualquer pequena empresa para racionalizar o fluxo de trabalho, aumentar a produtividade (e a receita) e elevar o moral — algo que frequentemente se perde quando as pessoas não recebem orientação e incentivo adequados.

Implemente o *Guia fácil de gestão e produtividade*

Para usar o guia, tudo o que você precisa fazer é começar a realizar cinco reuniões separadas. Sei que parece muito, ainda mais se considerarmos que você provavelmente já participa de mais reuniões do que gostaria. No entanto, essas cinco são projetadas para substituir a maioria das reuniões desnecessárias que sobrecarregam sua rotina. Além disso, algumas duram apenas cinco minutos, e você, como líder do negócio, não precisará participar de todas.

Na verdade, desde que comecei a implementar o guia na minha empresa, o número de reuniões internas que eu precisava participar foi reduzido pela metade. Agora tenho mais tempo livre, e não menos, por causa do sistema.

Nossas reuniões têm um cronograma fixo, o que me permitiu estabelecer um ritmo previsível de trabalho que criou um fluxo mais administrável.

E mais, durante esse mesmo período, minha esposa e eu tivemos nosso primeiro filho. Realmente acredito que, sem o *Guia fácil de gestão e produtividade*, eu não teria conseguido estar tão presente quanto estive como marido e pai. Amo minha nova rotina e acredito que ela nos preparou para muitos anos de crescimento sustentável no negócio. Além disso, o guia contribui para a minha saúde pessoal e familiar.

As cinco reuniões

Mais adiante neste capítulo, apresentarei um guia prático e modelos de reuniões que ajudarão a racionalizar suas operações. Por enquanto, aqui está uma descrição breve das cinco reuniões que realizamos como equipe.

Reunião geral

Toda segunda-feira, às 10h da manhã, a equipe inteira se reúne. Alguns participam de maneira presencial e outros, pela internet.

O objetivo dessa reunião é triplo:

1. Manter o alinhamento e o foco nas três prioridades econômicas.
2. Atualizar toda a equipe sobre as iniciativas e conquistas de cada departamento.
3. Manter o moral elevado, reconhecendo publicamente quem está fazendo um trabalho excepcional e ajudando a equipe a progredir em direção às três prioridades econômicas.

A reunião geral é a mais longa, com duração de 45 minutos a 1 hora. Essa reunião precisa ser dinâmica, e a intenção é promover um ambiente coletivo semelhante a uma família.

Um modelo específico de reunião deve ser preenchido antes do encontro, a fim de garantir que tudo seja planejado de uma forma inteligente e que contribua para as prioridades econômicas da empresa.

Reunião de liderança

Essa reunião acontece logo após a geral. É composta pelos líderes de departamento e tem como objetivo discutir as principais iniciativas em andamento, abordando as questões que estão impedindo o progresso nas prioridades econômicas da empresa. A duração varia de 30 minutos a 1 hora, dependendo do que a equipe precisa abordar na semana.

O *Modelo de reunião de liderança* deve ser usado para planejar esta reunião. Ele será preenchido por você ou pelo membro da equipe responsável por conduzir o encontro. O uso desse modelo garante que cada reunião contribua para as três prioridades econômicas da empresa.

Reunião rápida de departamento

Se sua pequena empresa tiver mais de cinco ou seis membros na equipe e eles estiverem divididos em dois ou três departamentos, talvez seja necessário começar a realizar reuniões de departamento. Se a sua equipe for menor (com dois ou três membros), as reuniões gerais ou de liderança podem ser suficientes. Nesse caso, você precisará realizá-las mais de uma vez por semana, talvez três ou quatro vezes. Na segunda-feira, realize uma reunião mais longa, mas, nos outros dias, procure fazer reuniões curtas e diretas, usando o *Modelo de reunião rápida de departamento* para orientar o encontro. Conforme sua equipe crescer, cada setor deverá realizar uma reunião de departamento diariamente, sempre que não houver uma geral.

Essas reuniões duram menos de 15 minutos e garantem que cada departamento esteja trabalhando em uma ou mais iniciativas que apoiem as três prioridades econômicas do negócio. Nela, os líderes de departamento devem estabelecer os objetivos do dia e resolver as questões que os membros da equipe podem ter enfrentado no fluxo de trabalho do dia anterior. O *Modelo de reunião rápida de departamento* deve ser preenchido antes da reunião.

Revisão rápida de prioridades pessoais

Conforme sua equipe continuar a crescer, cada novo colaborador desejará saber se está desempenhando bem seu trabalho. O acompanhamento contínuo é essencial para manter a produtividade e o moral elevados.

Depois que seu quadro de funcionários tiver de 5 a 10 membros e estiver dividido em departamentos, cada diretor de departamento deve se reunir individualmente com os membros de sua equipe semanalmente para uma *Revisão rápida de prioridades pessoais*. Essas reuniões duram cerca de 15 minutos e têm como objetivo focar nas responsabilidades individuais de cada pessoa dentro do contexto de seu time. A revisão é preenchida pelo próprio membro da equipe antes da reunião. Esse modelo garante que a reunião seja bem-planejada e que cada funcionário se sinta valorizado enquanto contribui para as prioridades econômicas gerais do negócio.

Embora essa reunião possa parecer um acréscimo desnecessário ao fluxo de trabalho, lembre-se de duas coisas: ela dura apenas 15 minutos por membro da equipe e são os líderes de departamento (não você) que conduzem essas reuniões.

Como os líderes de departamento estão oferecendo a cada membro da equipe a atenção individual de que eles precisam, seus colaboradores se sentirão apoiados e valorizados, e você verá um aumento no moral geral da equipe.

Se você for um microempreendedor, essa reunião não será necessária. No entanto, pode ser uma maneira eficaz de se responsabilizar por suas prioridades econômicas e pessoais. Dito isso, se você tiver uma equipe pequena, considere realizar a revisão com cada membro pelo menos uma vez por semana (ou, no mínimo, uma vez por mês). Use o formulário da *Revisão rápida de prioridades pessoais* para conduzir a conversa e certifique-se de que o colaborador o tenha preenchido antes do encontro. Você ficará surpreso com quanto tempo é economizado, não desperdiçado, ao realizar essas reuniões. Também não podemos esquecer que sua equipe respeitará você ainda mais por dar a eles a atenção individual que tanto desejam — mesmo que seja apenas por 15 minutos na semana.

Avaliação de desempenho trimestral

Até agora, o objetivo das reuniões era gerar foco e produtividade. No entanto, ainda não falamos sobre desempenho.

Durante a *Avaliação de desempenho trimestral*, você fará uma análise cuidadosa do desempenho de cada funcionário. Você questionará coisas como: eles costumam se atrasar? A qualidade do trabalho deles está abaixo do esperado? De que forma a liderança pode ajudá-los a melhorar? Essas conversas combinam gestão e coaching, e permitem que os diretores de departamento ajudem seus membros de equipe a entender como podem melhorar em sua carreira profissional. Se preferir, a avaliação trimestral também pode estar vinculada a um sistema de bônus e estrutura de remuneração variável.

Essas avaliações trimestrais abordam a principal dúvida que a maioria dos membros da equipe tem: "Estou fazendo um bom trabalho?". São reuniões predominantemente positivas, mas, como tendem a ser um pouco mais longas — e como o formulário é preenchido por ambos (o membro da equipe e o chefe de departamento) —, isso gerará um ambiente honesto e saudável para o coaching e a melhoria contínua.

Como o nome sugere, a *Avaliação de desempenho trimestral* acontece uma vez a cada trimestre.

As cinco reuniões que transformarão sua empresa e diminuirão seus custos operacionais

Essas são as cinco reuniões que farão sua pequena empresa crescer. Claro, outras podem ser necessárias, mas, à medida que você cresce, se implementar as cinco reuniões (Geral, de Liderança, de Departamento, de Prioridades pessoais, e de Desempenho trimestral), o fluxo de informações importantes de pessoa para pessoa não será impedido, e a eficiência da equipe aumentará.

Quando falo sobre eficiência, refiro-me ao fluxo de energia para as asas e turbinas. A energia usada para ampliar as asas ou aumentar a potência das turbinas gera mais receita para o negócio e, por isso, pode ser considerada um investimento. Por outro lado, a energia gasta na fuselagem do avião (muitas vezes necessária para tarefas administrativas) deve ser vista como um custo, pois não se traduz diretamente em receita.

Quando a energia dos funcionários é direcionada para as asas e turbinas, isso não altera o tamanho e peso da fuselagem. Portanto, o objetivo do *Guia fácil de gestão e produtividade* é mover a energia que está presa na fuselagem para as asas e turbinas, reduzindo o impacto do custo operacional sobre a sustentação e o empuxo.

Esse guia pode não funcionar perfeitamente para você. Contudo, sinta-se à vontade para usar os modelos fornecidos para criar uma versão híbrida de *Guia de gestão e produtividade* para sua própria empresa. Garanto que funcionará muito melhor do que muitos dos sistemas de consultoria de seis dígitos que as empresas tentam implementar em seus negócios.

Essas reuniões substituem a maioria das reuniões?

Ao olhar para essas cinco reuniões, você pode sentir uma certa resistência. Como seria possível adicionar ainda mais reuniões à sua agenda atual? Eu entendo. Porém, lembre-se de que elas foram projetadas para substituir todos aqueles "podemos conversar?" que acabam sobrecarregando sua rotina.

E tem mais, como proprietário da empresa ou responsável por administrá-la, você só precisará participar de três dessas reuniões: a geral, a de liderança e algumas avaliações de desempenho trimestral. As demais serão conduzidas pelos diretores de departamento.

O *Guia fácil de gestão e produtividade* não foi projetado para racionalizar reuniões de liderança apenas, mas também para aumentar o foco dos colaboradores e reduzir a necessidade de reuniões para cada membro da equipe, ou seja, todos na empresa terão menos reuniões para participar. Agora, você nunca mais terá outras reuniões depois de implementar o guia? Infelizmente, não. Você ainda terá reuniões externas com clientes, funcionários, líderes de outras empresas e fornecedores, mas a grande diferença é que poderá participar com a certeza de que seu negócio não está perdendo a direção por causa de sua ausência. Isso fará com que essas reuniões externas sejam muito mais agradáveis e produtivas. Na verdade, você se sentirá mais presente nesses encontros externos, porque as coisas estarão funcionando de forma organizada dentro da sua empresa.

Quem deve ser responsável por implementar o guia?

Talvez você esteja pensando que implementar essas cinco reuniões demandará muito tempo. Se teve essa preocupação enquanto lia sobre as reuniões, é provável que você não seja a pessoa certa para implementar o *Guia fácil de gestão e produtividade*. Nem todo mundo tem o perfil ideal para tal tarefa. Na verdade, se eu tivesse que fazer isso em minha própria empresa, provavelmente nunca teríamos implementado nada. E minha empresa teria sofrido com isso.

Garanto que isso não tem nada a ver com a eficácia do guia. Acredito que ele é simples e eficiente. A razão pela qual não conseguiria implementá-lo é que não sou um operador, mas um artista/empreendedor.

Normalmente, no topo de uma pequena empresa de sucesso, você encontrará três tipos de líder: o artista, o empreendedor e o operador.

O artista

O artista é obcecado pelos produtos e pelo processo de criação. Ele se preocupa com o funcionamento do produto, se os clientes estão satisfeitos com ele e como ele será levado ao mercado. O artista, muitas vezes, é o visionário que antecipa o futuro do negócio e o impacto dos produtos na vida dos clientes. Sem o artista, a empresa não criaria produtos revolucionários nem mudaria o mundo.

O empreendedor

O empreendedor está sempre em busca de oportunidades para gerar receita e crescer. Quando ele olha para o mundo, vê oportunidades para expandir. É um tipo de líder que gosta de pegar ideias existentes, colocá-las no mercado e escalá-las. O empreendedor não ficará feliz se a empresa não estiver crescendo. Sem ele, a empresa não conseguirá transformar a visão do artista em lucro.

O operador

O operador adora organizar o caos, e ele ama fazer isso porque odeia o caos. Ele quer dividir o fluxo de trabalho em sistemas e processos previsíveis que possam ser replicados, para que todos saibam o que se espera deles, concluam suas tarefas e sejam compensados de forma justa. Sem o operador para ajudar a fazer a máquina funcionar, as pessoas se cansam do artista e do empreendedor e acabam procurando trabalho em outro lugar.

Portanto, quem é a pessoa certa para implementar o *Guia fácil de gestão e produtividade*? Sem dúvida, um operador. Se você entregar essa tarefa a um artista, ele esquecerá de comparecer a 75% das reuniões e, quando aparecer, provavelmente fará discursos intermináveis sobre como o futuro será incrível, tudo isso enquanto escuta um álbum dos Beatles ao contrário e pergunta ao seu subordinado se ele consegue "ouvir tal arranjo".

Quando Doug se juntou à equipe, pedi para que ele elaborasse um *Guia de gestão e produtividade* simples e o implementasse, enquanto treinava um subordinado para gerenciá-lo depois. A pessoa que Doug treinou foi Kyle Willis. Depois que Doug nos deixou para recuperar outra grande empresa, Kyle assumiu o controle e passou a gerenciar o sistema de reuniões com perfeição. Posso dizer com sinceridade que o *Guia fácil de gestão e produtividade*, sob a liderança de Kyle, ajudou-nos a entrar no período mais produtivo da nossa história. Além disso, esse sistema me proporcionou a melhor relação que já tive com o meu próprio negócio.

Antes de implementar o manual, sentia que minha empresa era uma máquina na qual estava preso. Hoje, ela é uma comunidade de pessoas conscientes e dedicadas a servir os clientes. Isso me dá ânimo para desempenhar meu papel de CEO, artista e visionário dentro dela.

Depois de identificar seu operador, ele seguirá este plano para implementar o guia:

Guia fácil de gestão e produtividade: um plano passo a passo

Primeiro passo: atribua a responsabilidade de implementar o guia a um operador

1. Se você não for implementar o guia por conta própria, certifique-se de que a pessoa encarregada seja, de fato, um operador. É importante que ela goste de lidar com manuais e tenha uma mentalidade voltada para processos. Ela precisa se dar bem com pessoas, mas também deve falar a verdade. Como o guia envolve avaliações de desempenho, alguém que tenta agradar a todos pode prejudicar o sistema. Portanto, o ideal é que seja alguém que tenha facilidade em lidar com processos e fale a verdade de forma encorajadora.

2. O operador pode ter o título de Diretor de operações, Presidente ou Vice-Presidente. Se a empresa for pequena demais para ter uma equipe executiva, ele também pode ser um assistente executivo. Você não precisa se preocupar demais com isso. Não há motivo para se prender a títulos.
3. Saiba que a pessoa que implementar o guia estará assumindo uma posição de liderança central na empresa. Embora títulos não sejam a coisa mais importante (cuidado com o orgulho gerado por eles), entenda que, se essa pessoa desempenhar bem a função dela, você terá encontrado o seu "braço direito" — alguém que permitirá que você fique mais livre para ser artista ou empreendedor, e não um gestor preso à máquina do seu próprio negócio. Sua presença na reunião de liderança será seu ponto de contato com sua empresa, mas você não ficará preso a ela.

Segundo passo: comece a realizar as reuniões gerais toda semana

1. Não se preocupe em implementar todo o guia de uma vez. Nos primeiros meses, tudo o que você precisa é da reunião geral semanal. Ela irá lembrar a equipe da missão da empresa e, especialmente, das três prioridades econômicas.
2. Se você não sabe quais são suas três prioridades econômicas, volte à primeira etapa do modelo do avião: *Uma empresa com propósito*. O principal motivo para realizar a reunião geral semanal é revisar as prioridades econômicas do negócio e discutir como toda a equipe pode contribuir para essas prioridades.
3. Se você não tiver uma equipe, mas trabalha com profissionais terceirizados, pergunte se estariam dispostos a participar da reunião geral. Você pode dar o nome que quiser à reunião; se esses terceirizados forem cruciais para o seu sucesso, peça que participem. Talvez você não consiga tornar a participação obrigatória, mas a maioria desses profissionais desejará participar da reunião semanal, pois isso os ajudará a trabalhar para você com mais eficiência.

4. Assim que suas reuniões gerais começarem a fluir bem e o negócio estiver alinhado com as três prioridades econômicas, dê o terceiro passo.

Terceiro passo: realize a reunião de liderança toda semana

1. A reunião de liderança pode acontecer logo após a geral. É a menos formal de todas as reuniões, mas ainda assim segue um modelo que garante sua eficácia e evita a perda de tempo de todos.
2. Se o seu negócio for pequeno, as duas reuniões podem ser combinadas. No entanto, a pauta de cada uma deve ser diferente. Mesmo que as duas reuniões ocorram em sequência e com as mesmas pessoas, preencha os modelos de cada uma separadamente.
3. Se a sua empresa tiver uma equipe de liderança que não seja a mesma que o quadro geral de funcionários, a reunião permitirá que seus líderes discutam o que cada departamento está trabalhando e solicitem a ajuda de outros líderes na solução de questões específicas.
4. A reunião de liderança semanal foi projetada para aumentar o moral e o senso de comunidade entre os líderes. Não se surpreenda se descobrir que alguns deles se sentem isolados em seus cargos. Essa reunião ajudará a manter a unidade da equipe de cima para baixo.
5. Considere organizar um café da manhã ou almoço trimestral para sua equipe de liderança. Mesmo que se reúnam toda semana, uma reunião por mês ou trimestre pode ser reservada para um momento especial. Poucas coisas geram uma sensação de comunidade tão bem quanto sentar-se à mesa e compartilhar uma refeição.
6. Assim que seus líderes se sentirem parte de uma comunidade unida e saudável, considere realizar as reuniões de departamentos.

Quarto passo: realize as reuniões rápidas de departamento

1. Se sua empresa for pequena, a reunião geral pode ser suficiente para canalizar o foco nas três prioridades econômicas. No entanto,

à medida que a empresa crescer, você perceberá que os membros da equipe começarão a se dividir em departamentos. Vendas, marketing, design, desenvolvimento, produção e atendimento ao cliente são exemplos de departamentos dentro de uma empresa em crescimento. Se você tiver departamentos, realize as reuniões de departamentos. Elas devem acontecer todos os dias da semana e ser breves. São chamadas de "rápidas" justamente porque não devem ser tão longas a ponto de as pessoas precisarem se sentar. Essas reuniões podem acontecer presencialmente ou pela internet.

2. Quem conduz a reunião são os diretores de departamento. Se você for o dono ou gestor do negócio, não precisará participar. O modelo usado para conduzir a reunião garantirá que as prioridades econômicas permaneçam no centro da missão.
3. Use o modelo de reunião rápida de departamento para todas as que você realizar. Ele é crucial para o sucesso do *Guia fácil de gestão e produtividade*. Se você não usar o modelo, a conversa durante a reunião rápida pode divagar e ser improdutiva.
4. Assim que as reuniões estiverem fluindo bem, você poderá passar para o quinto passo do guia.

Quinto passo: faça as revisões rápidas de prioridades pessoais

1. À medida que sua pequena empresa crescer, seus funcionários se sentirão mais distantes de você, que administra o negócio. Ou seja, começarão a se sentir um pouco inseguros sobre o desempenho deles, o que pode ser um problema. Se os seus colaboradores não tiverem certeza sobre qual é o trabalho deles e se estão desempenhando bem suas funções, o moral individual e coletivo da equipe começa a cair. Se isso acontecer, a produtividade também cairá, resultando no aumento da fuselagem do seu avião, que se torna maior e mais pesada. Cada funcionário precisa de feedback para desempenhar bem seu trabalho e se sentir bem no papel que desempenha na empresa.

2. Uma forma de garantir que todos estejam recebendo o feedback de que precisam é realizar uma *Revisão rápida de prioridades pessoais* semanal com cada funcionário. O formulário deve ser preenchido pelo colaborador antecipadamente e, em seguida, revisado pelo diretor do departamento durante o encontro.
3. A revisão do checklist deve ser conduzida pelo chefe de cada departamento. A reunião deve ser voltada para mentoria e encorajamento. Você verá que o ânimo e a produtividade aumentam quando essas revisões são implementadas. Após estarem em funcionamento, você poderá seguir para o sexto passo do guia.

Sexto passo: realize as avaliações de desempenho trimestral

1. As *Avaliações de desempenho trimestral* são excelentes para empresas de qualquer tamanho. Embora esse seja o sexto passo no processo para uma empresa com uma equipe de 12 ou mais pessoas, uma menor pode optar por dar esse passo mais cedo. Seus colaboradores precisam saber como estão se saindo aos olhos de seu líder de departamento para se sentirem confortáveis e seguros no trabalho.
2. Use o modelo de *Avaliação de desempenho trimestral* para conduzir essa reunião. O modelo deve ser preenchido tanto pelo funcionário quanto pelo chefe de departamento. Cada modelo pede que a pessoa que o preenche avalie o desempenho do colaborador em questão. Isso abre espaço para uma conversa transparente sobre como o chefe do departamento e o membro da equipe percebem seu desempenho. Pode haver áreas em que funcionário sinta que está se saindo melhor do que o chefe acredita, ou o contrário — áreas em que o funcionário se sinta inseguro, mas o chefe acredita que ele está indo bem. De qualquer forma, todo profissional deseja intensamente e merece um feedback honesto e encorajador, e a avaliação trimestral é o momento em que receberão isso.

3. Depois que sua pequena empresa tiver mais de dez funcionários, você provavelmente começará a pensar em avaliações de desempenho vinculadas a pacotes de compensação. À medida que a equipe crescer, todos desejarão uma maior previsibilidade e controle sobre sua remuneração. Talvez você consiga "improvisar" nessa área por um tempo, mas tome cuidado. Oferecer bônus e aumentos salariais arbitrários pode criar precedentes problemáticos. Cada aumento e bônus define uma expectativa futura. *Avaliações de desempenho trimestral* vinculadas à compensação podem gerar um ambiente estável, no qual os colaboradores podem crescer profissionalmente.
4. As três primeiras *Avaliações de desempenho trimestral* ajudarão o funcionário a entender o que ele deve continuar fazendo e o que pode mudar para alcançar todo o potencial de um aumento e bônus. É importante lembrar que essa é a ideia central de toda a conversa: "O que preciso fazer para receber o máximo de aumento e bônus no próximo ano?".
5. Quando um colaborador se sente no controle do seu futuro financeiro, é mais provável que ele ame seu trabalho.
6. Aqui está uma estrutura simples de aumentos e bônus que podem ser disponibilizados para cada funcionário: um aumento de 1% a 3%, de acordo com seu desempenho individual. Além disso, é possível vincular um bônus adicional de 1% a 3% do salário às metas gerais de receita da empresa. Nesse caso, se a empresa atinge a meta, cada funcionário pode receber até 3% de seu salário em bônus, com base no desempenho individual. Agora, se a empresa ultrapassar as metas estabelecidas, o bônus pode ser de até 5% do salário para cada funcionário. Ou seja, em um ano perfeito, para uma equipe perfeita, cada colaborador receberia um bônus de 5% (do salário) e um aumento de 5%. Pode parecer muito dinheiro, mas, se sua empresa está superando as metas, isso se deve a uma equipe de alto desempenho. E uma equipe como essa merece reconhecimento à altura, inclusive em termos financeiros.

7. Para executar esse sistema, sua empresa precisará definir metas de receita e metas estendidas de receita. Por exemplo, se sua empresa faturar 5 milhões de reais, os funcionários terão a oportunidade de receber até 3% de seu salário como bônus. Se a empresa atingir a meta estendida de 8 milhões, cada um poderá receber até 5% de seu salário como bônus. Você pode definir as duas metas conforme desejar, e o percentual que cada colaborador recebe depende das suas *Avaliações de desempenho trimestral.*
8. O sistema de *Avaliação de desempenho trimestral* e respectiva compensação é uma forma simples e escalável de lidar com salários e bônus. Talvez isso não seja necessário para a maioria das pequenas empresas, mas, conforme crescem, as discussões sobre compensação e desempenho se tornam cada vez mais frequentes. Esse sistema simples deve satisfazer todos os funcionários porque permite que controlem seu futuro financeiro, estabelece expectativas claras e é projetado para ser justo.

Suas reuniões de gestão e produtividade não serão as únicas que você terá

As cinco reuniões previstas no *Guia fácil de gestão e produtividade* não serão as únicas que você terá ao longo do ano. Elas representam as reuniões fixas que farão parte da sua rotina semanal e anual, e foram projetadas para substituir a maior parte das demais. No entanto, pode ser necessário realizar outras conforme as demandas do negócio. Essas reuniões adicionais podem incluir, mas não se limitam a:

Reuniões de análise financeira

O gerente, operador ou outro líder financeiro deve realizar uma reunião mensal de receita para revisar os números do mês anterior. Após revisá-los, duas perguntas precisam ser respondidas: “no que e por que nos saímos bem?” e “por que e no que podemos melhorar?”. Você verá que essa reunião proporciona uma visão clara da saúde geral do negócio e influencia diretamente sua estratégia. Se for possível, é recomendável que o operador seja o responsável por coletar os dados e conduzir as reuniões de análise financeira.

Salas de comando

Quando for preciso resolver um problema específico, é bom reunir os principais colaboradores em uma sala por algumas horas para formular uma estratégia. Se você estiver realocando ou vendendo estoque ou lançando um novo produto, essas reuniões podem ser necessárias, e devem sempre ser lideradas pela pessoa que considerou a reunião necessária.

Reuniões de liderança fora do escritório

Em algumas situações, é útil que a equipe de liderança passe um dia inteiro discutindo o estado geral do negócio. Essas reuniões serão lideradas por quem ocupar a posição de operador e geralmente são projetadas para ajudar a entender a melhor forma de fazer a empresa avançar. As pautas da reunião podem variar conforme o contexto, mas o objetivo principal é que o operador alinhe a equipe em torno de desafios e oportunidades específicos. Em resumo, essa reunião serve como um recurso para atender todas as necessidades que a empresa está processando no momento; ela pode durar o dia todo e acontecer conforme a necessidade.

A fuselagem do seu avião ficará mais leve quando você implementar o *Guia fácil de gestão e produtividade*

Não se esqueça, o principal culpado pelo excesso de custos operacionais é o custo da mão de obra. Quando se trata de cortar gastos com mão de obra, você tem duas opções: demitir parte da equipe ou transformá-la em uma força enxuta e geradora de receita. Se for possível, recomendamos manter seus colaboradores empregados e capacitá-los para se tornarem geradores de receita.

É claro que às vezes pessoas precisam ser demitidas, mas esperamos que essas instâncias sejam raras e mais relacionadas às flutuações do mercado do que à produtividade da sua equipe.

Se você estiver contratando alguém para administrar sua pequena empresa, a descrição do cargo pode ser tão simples quanto "implementar a primeira e a quinta etapa do *Plano de voo para pequenas empresas* em nossa pequena organização". Se fizerem isso bem e também realizarem uma reunião de análise financeira mensal, você terá o equivalente a um excelente diretor de operações ajudando você a expandir seu pequeno empreendimento.

Para implementar o *Guia fácil de gestão e produtividade*, siga os passos descritos neste capítulo e use os modelos de reunião incluídos no *Plano de voo para pequenas empresas.*

Confira as cópias dos modelos de reunião nas próximas páginas. Quando você usa a versão digital no site SmallBusinessFlightPlan.com, você e sua equipe podem arquivar todos os modelos de reuniões passadas.

Reunião geral DATA: ____

PRIORIDADES ECONÔMICAS DA EMPRESA

1	2	3

ATUALIZAÇÕES DOS DEPARTAMENTOS

1 DEPARTAMENTO DE ____

O que nosso departamento fez ou fará para alcançar as prioridades econômicas da empresa?

____

Como agregamos valor para os nossos clientes na semana passada?

____

Como estamos agregando valor aos nossos clientes esta semana?

____

2 DEPARTAMENTO DE ____

O que nosso departamento fez ou fará para alcançar as prioridades econômicas da empresa?

____

Como agregamos valor para os nossos clientes na semana passada?

____

Como estamos agregando valor aos nossos clientes esta semana?

____

3 DEPARTAMENTO DE ____

O que nosso departamento fez ou fará para alcançar as prioridades econômicas da empresa?

____

Como agregamos valor para os nossos clientes na semana passada?

____

Como estamos agregando valor aos nossos clientes esta semana?

____

Acesse a versão digital preenchível em SmallBusinessFlightPlan.com

Reunião de liderança LÍDER DA REUNIÃO: ______

(1) DEPARTAMENTO DE ______ (GESTOR) ______

Quais grandes iniciativas estão acontecendo nesta semana?

______

Há algo impedindo essas iniciativas?

______

Quem é responsável por completar cada tarefa?

______

(2) DEPARTAMENTO DE ______ (GESTOR) ______

Quais grandes iniciativas estão acontecendo nesta semana?

______

Há algo impedindo essas iniciativas?

______

Quem é responsável por completar cada tarefa?

______

(3) DEPARTAMENTO DE ______ (GESTOR) ______

Quais grandes iniciativas estão acontecendo nesta semana?

______

Há algo impedindo essas iniciativas?

______

Quem é responsável por completar cada tarefa?

______

Acesse a versão digital preenchível em SmallBusinessFlightPlan.com

Reunião de departamento NOME: DATA:

! Minhas cinco prioridades	✓ Tarefas concluídas	→ Próximas tarefas	⊘ Fatores impeditivos

Acesse a versão digital preenchível em SmallBusinessFlightPlan.com

Revisão rápida de prioridades pessoais NOME: ____________

PRIORIDADES ECONÔMICAS DA EMPRESA
POR: ____________

① ② ③

PRINCIPAIS PRIORIDADES DO MEU DEPARTAMENTO
Com prazo definido - Mensuráveis - Específicas

1. ____________
2. ____________
3. ____________
4. ____________
5. ____________

MINHAS PRIORIDADES PESSOAIS
Com prazo definido - Mensuráveis - Específicas

1. ____________
2. ____________
3. ____________
4. ____________
5. ____________

MINHAS PRIORIDADES DE DESENVOLVIMENTO

1. ____________
2. ____________
3. ____________

Acesse a versão digital preenchível em SmallBusinessFlightPlan.com

Avaliação de desempenho trimestral NOME:

PRIORIDADES PESSOAIS	SUPERADA	ALCANÇADA	NÃO ALCANÇADA
#1: Comentários:	☐	☐	☐
#2: Comentários:	☐	☐	☐
#3: Comentários:	☐	☐	☐
#4: Comentários:	☐	☐	☐
#5: Comentários:	☐	☐	☐
Veio preparado para a Revisão de prioridades pessoais?		☐	☐

PRÓXIMAS OPORTUNIDADES

Acesse a versão digital preenchível em SmallBusinessFlightPlan.com

Depois de seguir as primeiras cinco etapas, você perceberá que sua empresa estará ganhando muito mais dinheiro. Então, como você deve gerenciar esse dinheiro? Passaremos para a última das seis etapas: o fluxo de caixa.

— CAPÍTULO 6 —

FLUXO DE CAIXA

SEXTA ETAPA:
OS TANQUES DE COMBUSTÍVEL

Assuma o controle de suas finanças com o Guia fácil de fluxo de caixa

A sexta etapa ajudará você a resolver os seguintes problemas:

- Você não consegue distinguir suas finanças pessoais das finanças da empresa.
- Você está o tempo todo preocupado com a possibilidade de ficar sem dinheiro em caixa.
- Você recebe demonstrativos de lucros e perdas do seu contador, mas eles parecem confusos e não ajudam na tomada de decisões.
- Você não sabe quanto lucro a empresa realmente gera.
- Seu desejo é que sua empresa contribua com investimentos externos para construir seu patrimônio pessoal.

- Você quer capital extra para reinvestir no negócio (na forma de contratações, tecnologias, publicidade e outros recursos).
- Você precisa de uma visão em tempo real de como sua pequena empresa está financeiramente.

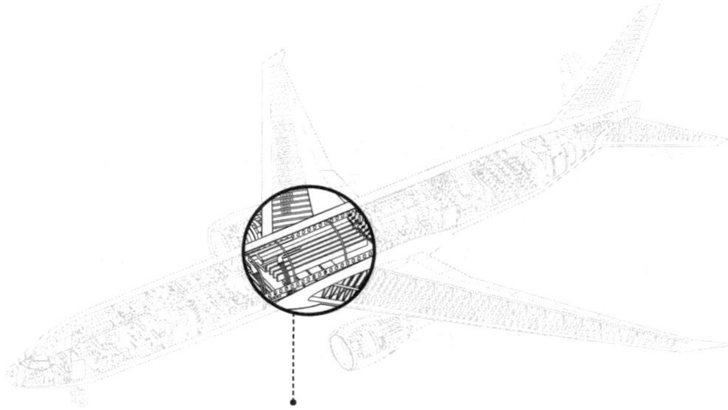

Fluxo de caixa
Tanques de combustível

Se você administrar bem as seis partes do seu empreendimento, ele crescerá e você começará a ganhar mais dinheiro. Isso nos leva à última etapa da nossa lista: o fluxo de caixa. Não importa se seu negócio foi projetado como um avião perfeito, é surpreendentemente fácil ele ficar sem dinheiro e cair.

No que diz respeito à nossa metáfora, a forma como você gerencia o dinheiro que entra e sai do seu negócio é representada pelos tanques de combustível. Se você tiver bastante combustível, conseguirá voar longe e rápido. Mais do que isso, você poderá circular o aeroporto quando houver problemas e garantir bastante tempo para corrigir o que estiver errado.

Existem histórias de pilotos que circularam aeroportos para resolver um problema com o avião, mas acabaram caindo porque ficaram sem combustível. Não importa quão grande e bonita sua aeronave seja, sem combustível, ela cairá.

Então, como gerenciamos o dinheiro de forma que possamos pagar nossas contas, desfrutar de um ótimo salário, guardar parte do lucro para dias difíceis, pagar nossos impostos, aproveitar nosso sucesso para diversificar nossos investimentos externos e, o mais importante, nunca ficar sem dinheiro?

A resposta está em gerenciar o fluxo de caixa usando cinco contas correntes.

Você não precisa se preocupar com as finanças

Criei o *Guia fácil de fluxo de caixa* por acaso. Como muitos proprietários de pequenas empresas, quando comecei meu negócio, tinha apenas duas contas: minha conta pessoal e a poupança. Minhas despesas comerciais e pessoais saíam todas da minha conta pessoal. Isso foi um grande erro, pois não só complicou a declaração de impostos, mas também misturou as finanças do negócio com as pessoais. Na época, eu não tinha funcionários e não conseguia distinguir entre o que gastava para ganhar dinheiro e o que gastava para comer e viver. Contudo, como minha empresa era administrada por meio da minha conta corrente pessoal, era difícil identificar em que áreas o negócio estava indo bem e em que áreas eu estava acabando com ele.

Aos poucos, comecei a adicionar mais contas ao meu sistema bancário. Abri uma de despesas operacionais, para rastrear o dinheiro que entrava e saía da empresa. Anos depois, após me cansar de nunca ter dinheiro para pagar os impostos, abri uma conta para reservar dinheiro para eles com antecedência. A partir daí, adicionei uma conta para um fundo de emergência, e assim por diante. Explicarei cada uma e como as utilizo mais adiante.

Logo percebi que tinha criado um sistema de gestão financeira perfeito para quem não gosta de lidar com dinheiro. Amo ganhar dinheiro, mas não sou do tipo que se senta para contar cada moeda, revisar o orçamento e analisar demonstrativos de lucros e perdas por horas a fio.

O *Guia fácil de fluxo de caixa* é ideal para proprietários e líderes de negócios que se identificam mais como "geradores de dinheiro" do que como "gestores de dinheiro". E isso não é desculpa — todos precisamos administrar bem nossas finanças. Mas a verdade é que a maioria dos empreendedores gosta mais de ganhar dinheiro do que de gerenciá-lo.

Aqui está o que administrar meu dinheiro com cinco contas bancárias me permitiu fazer:

- Posso acessar meu banco online e ver o estado geral da minha empresa num segundo.
- Quando acesso, sei exatamente quanto dinheiro minha esposa e eu temos, e quanto minha empresa tem.
- Sei que só tenho acesso a uma dessas pilhas de dinheiro. Nunca retiro dinheiro da empresa para ganhos pessoais.
- Nunca fico sem dinheiro quando chega a hora de pagar impostos. Consigo pagar meus impostos sem me incomodar (bem, talvez um pouco), porque já me desvinculei psicologicamente do dinheiro que pagarei ao governo.
- Sei que a empresa pode sofrer uma perda ou sobreviver a uma crise sem que eu precise demitir ninguém, porque tenho dinheiro suficiente reservado para tempos difíceis.
- Quando entro em meu banco online, consigo ver quanto dinheiro minha esposa e eu estamos reservando para nós e nossa família. Meu objetivo é que meu negócio gere receita para eu investir em produtos financeiros e oportunidades que aumentem o patrimônio da minha família no futuro.

Se tudo isso parece bom demais para ser verdade — em especial para alguém que gosta mais de ganhar dinheiro do que de gerenciá-lo —, tenho certeza de que você gostará do *Guia fácil de fluxo de caixa*. Você não precisará mais se preocupar com as finanças.

Guia fácil de fluxo de caixa para pequenas empresas

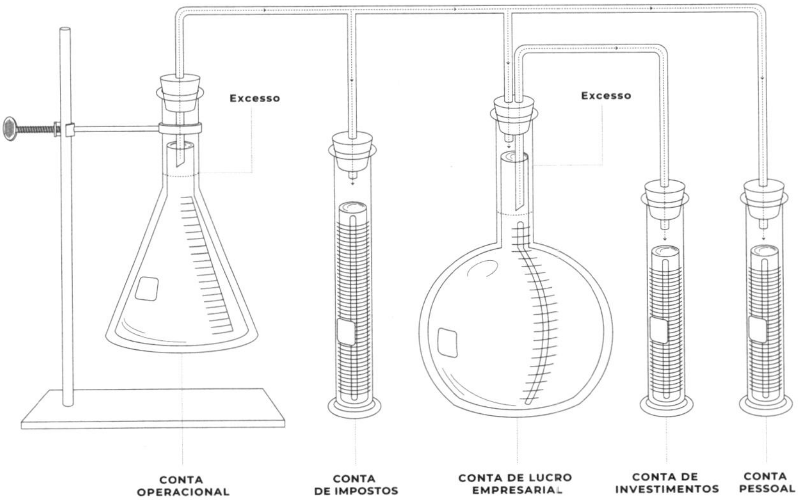

As cinco contas correntes que você usará para gerenciar as finanças da sua pequena empresa se conectam entre si, criando um sistema que lhe permitirá ter visibilidade e controle sobre seu dinheiro.

Aqui está uma descrição detalhada de cada conta e uma explicação de como usá-las.

Conta operacional

Todo o dinheiro que entra e sai da empresa passará por essa conta. É a conta principal, e você a utilizará para pagar todas as despesas, incluindo seu próprio salário. Sim, você precisa definir um salário pessoal. Isso é importante para a saúde do seu negócio.

Conta pessoal

Todo mês ou a cada 15 dias, sua conta pessoal será creditada automaticamente com o seu salário transferido da conta da empresa. Seu pagamento é flexível e, em boa parte, você tem o controle sobre quanto receberá. Se o seu novo negócio for um projeto paralelo, talvez você se pague pouco para colocar a máquina em funcionamento. Se o seu empreendimento já estiver estabelecido, você pode e deve se pagar mais. Afinal, você merece.

Você descobrirá quanto pode pagar a si mesmo à medida que avançar. O princípio, no entanto, é o seguinte: viva de um salário fixo para que o negócio possa estabelecer um ritmo previsível. Assim, você conseguirá administrar e fazer a empresa crescer. À medida que isso acontecer, você poderá conceder a si mesmo aumentos salariais. Não se esqueça: seu salário, ao contrário do de todos os outros, é considerado renda tributável. Mais adiante, explicarei como reservar dinheiro para pagar os impostos.

Conta de lucro empresarial (fundo de emergência)

Essa conta é o local onde você armazena o dinheiro que sua empresa gera e que não precisa ser reinvestido para mantê-la ativa. Você estabelecerá um limite para sua *conta operacional*. Quando houver excesso de dinheiro nela, você o transferirá para a *conta de lucro empresarial*. O limite será diferente para cada pessoa e mudará conforme sua empresa crescer. Da mesma forma, essa conta servirá como seu fundo de emergência, do qual poderá retirar dinheiro se a empresa enfrentar uma turbulência e começar a queimar mais combustível.

Conta de impostos

Sua conta de impostos é onde você colocará o dinheiro que usará para pagar qualquer imposto. Ela servirá para dois propósitos: primeiro, ela lhe dará paz, pois você saberá que terá dinheiro para pagar seus impostos (e evitará gastar esse dinheiro em outra coisa) e, em segundo lugar, ela atuará, de certa forma, como um segundo fundo de emergência. Explicarei mais sobre isso adiante.

Conta de investimentos

Sua *conta de lucro empresarial* é o local onde você coloca dinheiro e o guarda para uma emergência, mas, se o valor aumentar demais, não fará sentido manter todo o dinheiro como fundo de emergência. Portanto, você moverá uma parte para a *conta de investimentos* e, a partir daí, decidirá o que fazer. Como o próprio nome sugere, recomendo usar esse dinheiro com investimentos externos que farão você ganhar ainda mais dinheiro sem precisar trabalhar por isso.

Você pode investir em imóveis, ações, seguros, certificados de depósito, criptomoedas, o que quiser. Se desejar adquirir uma segunda casa, um barco de pesca ou fazer uma viagem de férias em família para a Europa, você também pode fazer isso usando essa conta. Ela armazena o dinheiro que a empresa gerou para você. O dinheiro é seu. E se você investir seu dinheiro em vez de gastá-lo, começará a gerar mais dinheiro — e é disso que os ricos gostam de viver. Ganhar dinheiro com dinheiro é a forma como muitos se tornam e permanecem ricos. Em outras palavras, sua empresa é uma máquina que faz dinheiro para que você possa comprar outra que faz a mesma coisa. A diferença entre a primeira e a segunda máquina é que você tem que trabalhar na primeira, e a segunda faz dinheiro sem que você precise trabalhar.

Você deve retirar seu lucro primeiro?

Se você conhece Mike Michalowicz e seu livro *Lucro primeiro*, verá uma semelhança entre meu guia e o dele. Juro que não roubei as ideias de Mike. Uma vez, durante uma longa viagem de carro, ouvi o audiolivro de Mike e percebi, pela primeira vez na vida, que eu não era um completo idiota quando se tratava de administrar o dinheiro de uma empresa.

Durante anos, usei esse guia e nunca tive problemas financeiros, mas sempre me perguntei se ele era apenas um curativo temporário. Pensava que os empresários de verdade faziam de outra forma ou tinham um sistema melhor. Mas o livro de Mike me ensinou que eu estava acertando muito mais do que errando.

Depois que ouvi o livro dele, Mike e eu nos tornamos amigos. Na verdade, nunca escreverei um livro sobre meu sistema de fluxo de caixa, porque Mike já escreveu esse livro. Se você quiser se aprofundar em como gerenciar seu negócio usando cinco contas bancárias, leia ou ouça *Lucro primeiro*.

Dito isso, existem duas coisas que faço de forma diferente de Mike. O ponto principal do livro dele é que você deve retirar uma porcentagem fixa da receita da empresa no início de cada mês. O dinheiro que você retira primeiro é o lucro que você projeta obter naquele mês. Essa abordagem o força a "trabalhar de frente para trás" a fim de criar uma empresa que gere lucro. Eu, por outro lado, retiro o lucro empresarial de forma esporádica, caso a *conta operacional* tenha um excedente de dinheiro. Em outras palavras, retiro o lucro que excede o limite em minha *conta operacional*.

Se retirasse o lucro projetado no início do mês, como Mike sugere, provavelmente retiraria menos, e não mais. Minha empresa frequentemente fecha grandes negócios a cada dois meses ou algo assim, o que significa que a receita aumenta de forma esporádica. Quando isso acontece, retiro o lucro e o afasto do alcance da empresa. Se retirasse o lucro primeiro, com base em uma porcentagem fixa, teria que transferir dinheiro de volta para a empresa com frequência para mantê-la à tona. Ou, no sentido inverso, teria dinheiro demais na minha *conta operacional* e seria muito tentador gastá-lo.

Mike também recomenda que a *conta de investimentos* seja aberta em um banco separado, de forma que não apareça em seu banco online. Ele realmente quer que esse dinheiro fique fora de vista. Isso é inteligente, mas prefiro ter todas as minhas contas visíveis em um único banco online.

Estou errado em retirar o lucro de forma esporádica? Mike está certo em retirar o lucro no início do mês e colocá-lo em uma conta separada e "invisível"? Acredito que ambos os sistemas são uma melhoria considerável em relação às formas com que muitos de nós gerenciamos nosso dinheiro.

Agora que entendemos a filosofia básica do guia, detalharemos seu processo de instalação.

Como implementar o *Guia fácil de fluxo de caixa*

Primeiro passo

Vá até o seu banco e abra cinco contas correntes: 1) sua *conta operacional*, 2) sua *conta pessoal*, 3) sua *conta de impostos*, 4) sua *conta de lucro empresarial* e 5) sua *conta de investimentos*. Você pode já ter algumas dessas contas; se tiver, será necessário renomeá-las para que correspondam às suas funções. Além disso, certifique-se de que todas estejam visíveis em seu banco online para que consiga comparar rapidamente os saldos de cada uma. Essa é a chave para ter uma visão clara do estado financeiro da sua empresa.

Segundo passo

Garanta que todas as entradas e saídas financeiras do seu negócio passem por sua *conta operacional*. Todo o dinheiro gerado pela empresa deve ir para essa conta, e todas as contas devem ser pagas por meio dela (exceto os impostos, que são pagos por meio da *conta de impostos*).

Terceiro passo

Seu salário quinzenal ou mensal deve sair de sua *conta operacional*, e esse salário deve ser fixo, assim como o salário de todos os seus funcionários. Você não deve retirar mais dinheiro da *conta operacional* se quiser comprar um carro, um relógio caro ou um tigre albino. O segredo aqui é decidir quanto você quer ganhar e viver com esse valor por um longo tempo. O principal benefício de se pagar um salário é ter clareza mental. Dessa forma, você saberá qual dinheiro pertence a você e qual pertence à máquina que existe para fazer você ganhar mais dinheiro.

Quarto passo

Estabeleça um limite para sua *conta operacional*. Ou seja, defina um valor alto o suficiente para cobrir o maior impacto financeiro que você pode sofrer em determinado mês. Por exemplo, se sua folha de pagamento for de R$ 150 mil a cada duas semanas, você nunca deve permitir que sua conta fique abaixo de R$ 200 mil. Se o pagamento da folha for retirado, você ficaria com R$ 50 mil na conta, e teria duas semanas para recuperá-lo antes do próximo pagamento.

Digamos que seu limite seja R$ 200 mil. É um bom valor; ele mantém você protegido e, ao mesmo tempo, evita que uma quantidade excessiva de dinheiro fique parada em sua *conta operacional* (onde poderia ser gasto rapidamente). Agora, digamos que você verifique sua conta e veja que tem R$ 350 mil em dinheiro líquido. Isso significa que você tem R$ 150 mil a mais do que o limite e esse dinheiro está parado sem propósito. O que você fará é pegar esse valor excedente e dividi-lo entre sua *conta de lucro empresarial* e sua *conta de impostos*. Entre em seu banco online e transfira R$ 75 mil para a *conta de lucro empresarial* e R$ 75 mil para a *conta de impostos*. Assim, sua *conta operacional* fica com R$ 200 mil, sua *conta de lucro empresarial* aumenta em R$ 75 mil, e você também reserva R$ 75 mil para *impostos*.

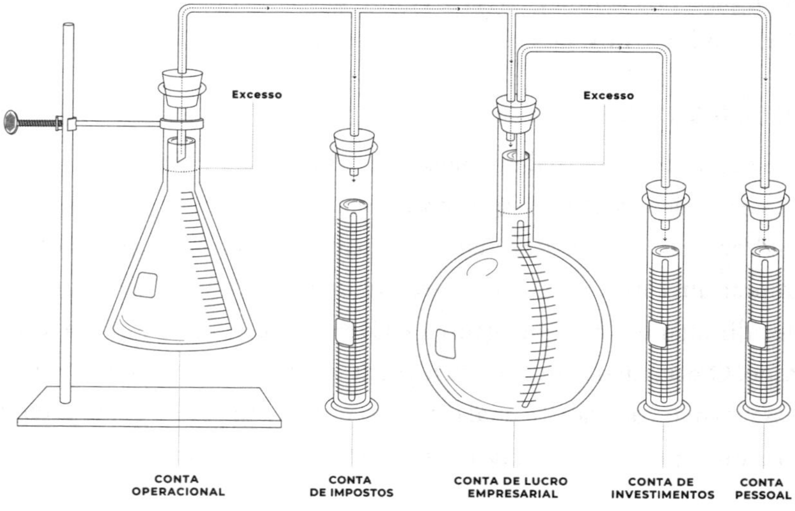

R$ 200 mil ⟶ R$ 75 mil ⟶ R$ 75 mil

A vantagem desse guia é que você pode facilmente olhar sua conta de *lucro empresarial* e saber quanto dinheiro é seu (além do seu salário) e se sentir bem com o desempenho do seu negócio. Você também pode olhar sua *conta de impostos* e se sentir tranquilo ao perceber que há dinheiro suficiente para cobrir os impostos trimestrais da empresa e as obrigações salariais. Na prática, você provavelmente transferirá mais dinheiro do que o necessário para a *conta de impostos*, e, no final do ano, o saldo excedente poderá ser transferido para a *conta de lucro empresarial*. Ao contrário do que a maioria dos proprietários de pequenas empresas vivencia ao declarar o imposto de renda, você terá uma experiência muito mais agradável.

Quinto passo

Assim como em sua *conta operacional*, você também precisará estabelecer um limite para sua *conta de lucro empresarial*. Trabalhe para mantê-la no limite ou acima, pois ela também é um fundo de emergência. Acredito que a *conta de lucro empresarial* deve conter um saldo equivalente a seis vezes o limite da *conta operacional*. Se o limite da sua *conta operacional* for R$ 200 mil, o da sua *conta de lucro empresarial* deve ser de R$ 1,2 milhão. Sei que é muito dinheiro parado sem render juros, mas é o que comprará uma das coisas mais importantes que qualquer proprietário de pequena empresa pode ter: paz.

Quando você tem seis vezes o limite da sua *conta operacional*, você tem um tanque de combustível reserva que permitirá que circule o aeroporto por seis meses em caso de crise. Com esse tipo de fundo emergencial, você conseguirá se adaptar sem pressa e até mesmo mudar de direção em meio a tempos difíceis ou falhas na aeronave. Chega de noites sem dormir se preocupando com a possibilidade de precisar demitir pessoas ou fazer um pouso forçado.

À medida que sua empresa crescer, é provável que se incomode em ver tanto dinheiro parado em uma conta corrente básica. Se a inflação começar a aumentar, esse dinheiro estará perdendo valor todos os dias. Se isso acontecer com você, parabéns. Você está sentado em cima de uma pilha de dinheiro. Sinta-se à vontade para pegar parte do saldo da sua *conta de lucro empresarial* e colocá-lo em um investimento que ofereça uma taxa de retorno ou de juros maior, mas o segredo é garantir que esse dinheiro seja líquido.

Haverá momentos no ano em que você terá erros de cálculo e precisará mover dinheiro de volta para a *conta operacional*. Com sorte, essas situações serão raras, pois você ajustará os limites e aprenderá a perceber quando transferir dinheiro para lucro e impostos, mas todo mundo experimenta flutuações no fluxo de caixa. Independentemente disso, a *conta de lucro empresarial* atenua o impacto dessas situações.

Lembre-se, sempre que você mover dinheiro de volta de sua *conta de lucro empresarial*, poderá mover o mesmo valor de volta da *conta de impostos*, pois esse dinheiro não será mais considerado receita tributável. Em outras palavras, se você de repente precisar de R$ 60 mil, você pode mover R$ 30 mil da *conta de lucro empresarial* e R$ 30 mil da *conta de impostos*.

Então, o que você faz quando sua *conta de lucro empresarial* tem excesso de dinheiro? Suponhamos que você verifique sua conta e transfira dinheiro de forma que agora tenha R$ 1,5 milhão em sua *conta de lucro empresarial*, sendo que seu limite era de R$ 1,2 milhão. Isso significa que sua empresa agora é uma verdadeira máquina lucrativa, e esse dinheiro é todo seu. Você pode fazer o que quiser com ele. No entanto, antes de comprar o telescópio náutico usado nas filmagens de *Piratas do Caribe 4*, reserve um tempo para mover esse dinheiro para sua *conta de investimentos*. Por quê? Porque o próprio nome dessa conta pressionará você a investir esse dinheiro, em vez de comprar o telescópio (mesmo que só restem dezenove deles disponíveis no mundo). O dinheiro que acaba na *conta de investimentos* é o que realmente pode contribuir para sua riqueza pessoal.

Betsy e eu usamos o dinheiro da nossa *conta de investimentos* para construir nossa casa com dinheiro à vista e financiar nossas contas de aposentadoria. Também compramos seguros de vida, investimos no mercado de ações, compramos propriedades para aluguel, e contribuímos com organizações que amamos. Betsy é presidente do conselho de uma organização de combate ao tráfico de pessoas, e usamos dinheiro da *conta de investimentos* para fazer doações à organização e para organizar um grande jantar de arrecadação de fundos todos os anos, no qual arrecadamos ainda mais dinheiro. O mais incrível é que fazemos tudo isso a partir de uma posição de estabilidade, porque a máquina que construímos nos permitiu ser estratégica e previsivelmente generosos.

Se você quiser esbanjar usando dinheiro da *conta de investimentos*, fique à vontade. Mas, se esperar e comprar seu tigre albino com o dinheiro que você ganha com seus investimentos, você terá o tigre e a receita futura que seus investimentos continuam a produzir.

Como disse no início deste capítulo, prefiro fazer dinheiro do que administrá-lo, mas nunca me sinto frustrado com isso. Sempre temos dinheiro para mover a empresa adiante, pagar nossos impostos, viver e investir.

Os limites devem mudar à medida que o negócio cresce?

Se você implementar o *Plano de voo para pequenas empresas*, seu negócio crescerá. Lembro-me de anos atrás, quando fiquei meio chocado ao rolar meu feed do Instagram e ver um amigo comemorando publicamente que a pequena empresa dele havia faturado 10 milhões de reais. Fiquei parado ali, pensando que esse tipo de sucesso era impossível. Mas continuei administrando minha empresa usando os guias e planilhas que você acabou de ler, e, em dois anos, minha empresa já estava faturando mais de 15 milhões de reais, e continuou a crescer a porcentagens de dois dígitos por muitos anos depois — e continua até hoje.

Não fique surpreso se a sua pequena empresa crescer muito mais do que você imaginou. Se isso acontecer, no entanto, os limites em sua *conta operacional* e sua *conta de lucro empresarial* precisarão mudar à medida que seus gastos comerciais aumentarem. Seu limite talvez precise mudar de R$ 200 mil para R$ 300 mil, dependendo de quanto dinheiro sua empresa está gerando e gastando. Como saber quando os limites precisam mudar? Quando os débitos na *conta operacional* ficarem muito altos e o saldo se aproximar de zero, você saberá. Parabéns se isso acontecer. Isso significa que todos os números estão ficando maiores, incluindo o saldo da sua *conta de investimentos*.

É claro que seu negócio pode ter sócios ou outras questões a considerar, como investidores externos. Não se preocupe. A chave é dividir a *conta de investimentos* de acordo com uma frequência e um acordo pré-estabelecido entre todas as partes. O guia funciona perfeitamente, mesmo com investidores externos.

A vantagem do *Guia fácil de fluxo de caixa* é que ele cresce junto com o seu negócio. Seja você alguém administrando um projeto paralelo que faz R$ 100 mil por ano ou tenha feito seu negócio ultrapassar a marca de R$ 500 milhões, o guia serve para ajudar você a ganhar ainda mais dinheiro e preservar sua saúde mental.

— CAPÍTULO 7 —

COMO IMPLEMENTAR O *PLANO DE VOO* *PARA PEQUENAS EMPRESAS*

Agora que sabemos o que precisa ser feito para esclarecer nossa missão e princípios orientadores, impulsionar nosso marketing, vender mais, otimizar nossa oferta de produtos, agilizar nossa produtividade e gerenciar nosso fluxo de caixa, como podemos realmente implementar todo este livro?

Neste capítulo, abordaremos as várias maneiras de implementar o *Plano de voo para pequenas empresas*. Seja você uma empresa B2B ou B2C, uma organização sem fins lucrativos, um microempreendedor, uma startup, uma empresa em crescimento ou uma grande história de sucesso, o *Plano de voo* pode funcionar para você.

Expandir uma pequena empresa é, sem dúvida, uma jornada emocionante. Contudo, também pode ser um fardo e, francamente, um desastre financeiro que causa sérios problemas por muitos anos. É claro que existem muitos fatores que determinam essa diferença, mas, uma vez que você tem um bom produto que as pessoas desejam e consegue colocá-lo no mercado, grande parte do restante da jornada se resume a uma simples construção do negócio. Digo "simples" porque complicamos muito mais do que precisamos.

Os seis passos que ajudarão você a implementar o *Plano de voo* não resolverão todos os problemas que você tem como chefe de uma pequena empresa, mas resolverão a maioria. Na verdade, o *Plano de voo* evitará as causas de grande parte das catástrofes que acometem as pequenas empresas.

Sinta-se à vontade para adaptar as etapas. Conheço proprietários que adicionaram valores centrais aos seus princípios orientadores ou que realizam suas reuniões de liderança diariamente em vez de semanalmente, por exemplo. Se você implementar as planilhas e os guias conforme foram projetados, terá sucesso, mas você conhece seu negócio muito melhor do que eu e saberá de maneira intuitiva no que precisa fazer ajustes específicos. Dito isso, ao se deparar com problemas, avalie se seguir as etapas da forma como foram apresentadas pode resolver a situação.

Sinta-se à vontade para ir com calma

Sinta-se à vontade para levar o tempo que precisar para implementar seu *Plano de voo*. Se você tentar fazer tudo de uma vez, pode acabar se sentindo sobrecarregado. Mas, se você implementar uma etapa de cada vez, e só passar para a próxima quando a anterior estiver bem-incorporada em suas operações, poderá transformar seu empreendimento inteiro em menos de um ano.

Você não precisa implementar o *Plano de voo* na ordem em que listamos as etapas. Na verdade, se estiver enfrentando problemas de fluxo de caixa, talvez seja melhor começar pela sexta etapa e abrir as cinco contas bancárias que lhe darão mais clareza sobre como seu dinheiro está fluindo. Depois, você pode avançar para a terceira etapa, para fechar grandes vendas e fazer o dinheiro circular por essas contas. Então, quando o negócio estiver estabilizado, poderá voltar para a primeira etapa e seguir em frente a partir daí. Se for útil, criamos uma avaliação no site MyBusinessReport. com que permitirá a você analisar as seis partes do seu negócio e gerar um relatório detalhando no que sua empresa precisa de mais trabalho.

Três maneiras de implementar o *Plano de voo para pequenas empresas*

Existem três maneiras de implementar o *Plano de voo*. A primeira é usar este livro e fazer tudo sozinho. Você tem tudo o que precisa nestas páginas para começar. Se tiver o audiolivro, ouça-o enquanto vai para o trabalho ou se exercita de manhã. Caso tenha impresso seu *Plano de voo*, revise-o enquanto aprende, para que o processo se torne cada vez mais simples de executar.

Se você aprende melhor assistindo a vídeos, cada uma das etapas tem um curso no site BusinessMadeSimple.com. A taxa para se inscrever na plataforma é ridiculamente baixa e o curso guiará você por todo o processo. A plataforma também inclui um *Plano de voo* digital, para que consiga arquivar todas as planilhas anteriores. Você pode gerenciar sua pequena empresa a partir de uma única fonte online.

Você também pode contratar um coach para guiá-lo durante o processo. Certificamos coaches em todo o mundo para ajudar proprietários de pequenas empresas a transformar seus negócios. Muitos organizam pequenos grupos, então talvez você consiga implementar seu *Plano de voo* junto com amigos. Eu mesmo participo de um pequeno grupo mensal porque aprendo muito com outros proprietários de pequenas empresas, que compartilham práticas e estratégias. Você pode encontrar uma lista de nossos coaches treinados e certificados da Business Made Simple em HireACoach.com.

Expandir uma pequena empresa pode ser divertido e gratificante

Conheci inúmeros proprietários de pequenas empresas que estariam muito melhor trabalhando para outra pessoa. A ansiedade causada pelas oscilações entre retrocessos e progressos pode ser entorpecente, sem mencionar a insegurança financeira que costuma acompanhar a jornada. Minha esperança é que o *Plano de voo para pequenas empresas* faça mais do que ajudar você a construir sua pequena empresa; minha esperança é que ele o torne um pai ou mãe melhor, um marido ou esposa melhor, e um amigo melhor. Ninguém alcança a plenitude apenas com segurança financeira, mas ao aprender a lidar com o sucesso, é possível estar mais presente.

Minha esposa e eu não brigamos por conta de finanças, porque usamos o *Guia fácil de fluxo de caixa*. Não discutimos para onde o negócio está indo, porque estabelecemos nossos princípios orientadores. Não nos preocupamos com desperdícios, porque usamos o *Guia fácil de gestão e produtividade*. Eu, por exemplo, não me preocupo com falta de fluxo de caixa, porque sei que posso fechar vendas convidando os clientes para uma história. Não tenho receio de investir em marketing, pois nosso discurso está bem definido.

Amo minha pequena empresa. Amo ter uma equipe incrível que se motiva ao fazer o que faz de melhor. Amo poder fazer a minha parte, que é criar conteúdo e aprimorar nossas estruturas. E amo saber que Betsy e eu estamos construindo um legado financeiro para nossa filha desfrutar no futuro.

É claro que todos nós sonhamos em ter uma pequena empresa que nos dê liberdade. O que nunca esperei, no entanto, foi me divertir tanto ao longo do caminho. Mesmo que meu negócio esteja indo bem, eu meio que sinto falta dos dias de aventura tentando descobrir tudo que está neste livro. Sei que é muita coisa, mas não se esqueça: é divertido. Ficar no topo de uma montanha é ótimo, mas a jornada para chegar lá cria muitas boas memórias.

Como líderes de pequenas empresas, você e eu somos os principais empregadores de nosso país. Mais pessoas trabalham para pequenas empresas do que para as dez maiores corporações americanas juntas. Isso significa que, se profissionalizarmos nossas operações, as equipes que trabalham conosco terão mais segurança, melhores benefícios, mais clareza sobre a importância do seu trabalho e, se tivermos sucesso, melhores salários. Digo isso para reforçar que o trabalho que você está fazendo para construir seu negócio é importante. A qualidade de vida das pessoas, incluindo a sua, melhora à medida que fazemos esse trabalho.

Portanto, um brinde ao sucesso da sua pequena empresa. Se houver qualquer outra coisa que eu possa fazer para ajudá-lo, por favor, me avise. Até lá, tenha um voo seguro.

Proprietários de pequenas empresas em todo o mundo estão aceitando o desafio de dobrar a receita de seus empreendimentos, elaborando seus *Planos de voo* juntos em nossa comunidade, e adoraríamos ter você na comunidade no site SmallBusinessFlightSchool.com.

PLANO DE VOO PARA PEQUENAS EMPRESAS

O plano de seis etapas para fazer seu empreendimento crescer

01

Liderança

A cabine de comando

Transforme a si mesmo e sua equipe em uma Empresa com propósito

O papel mais importante de um líder é proporcionar uma visão que una as pessoas sob sua liderança. O modelo *Uma empresa com propósito* foi desenvolvido para ajudar você a criar e comunicar uma visão que garanta o crescimento da sua pequena empresa.

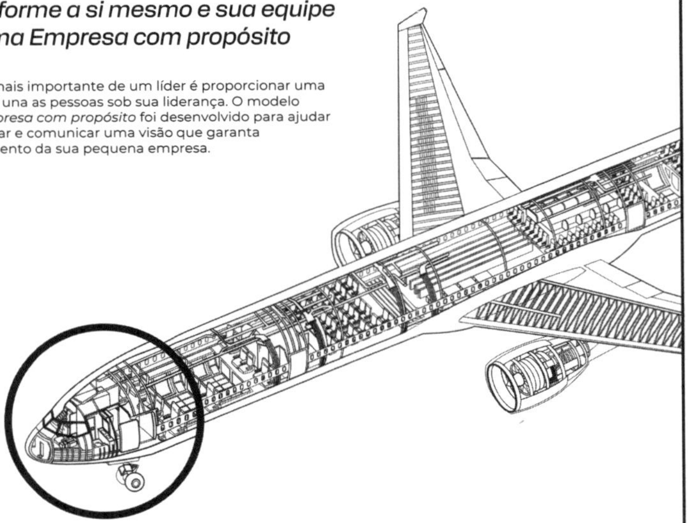

Uma empresa com propósito

Planilha de princípios orientadores

DECLARAÇÃO DE MISSÃO

CARACTERÍSTICAS-CHAVE

① ② ③

AÇÕES CRÍTICAS

① ② ③

Business Made Simple

SmallBusinessFlightSchool.com

02

Marketing

Turbina da direita

Torne sua propaganda mais clara para atrair clientes

Mais de 700.000 proprietários de pequenas empresas já utilizaram o método *StoryBrand*. Ao esclarecer sua mensagem de marketing, mais clientes comprarão seus produtos.

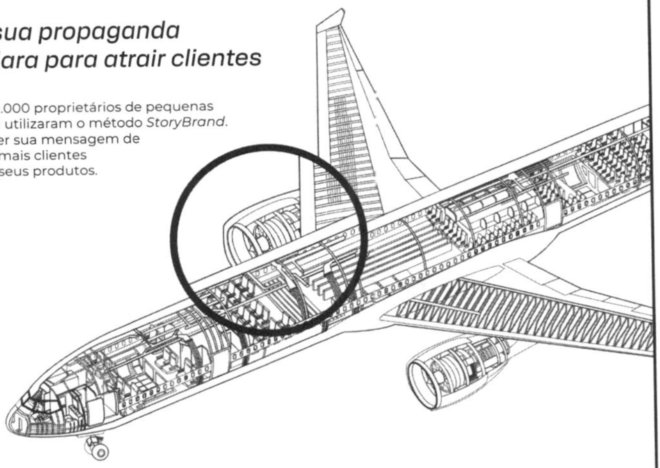

SmallBusinessFlightSchool.com

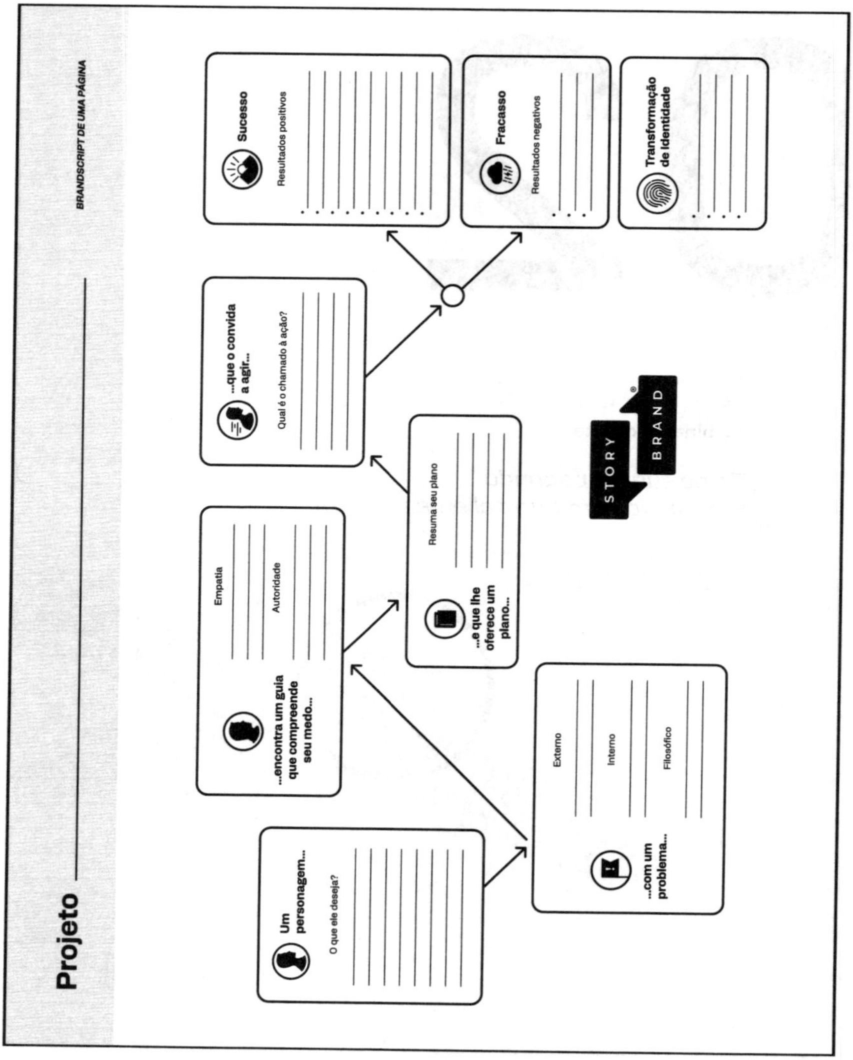

SmallBusinessFlightSchool.com

03

Vendas

Turbina da esquerda

Pare de vender, transforme o cliente no herói e convide-o a participar de uma história

Poucas pessoas gostam de vender. No entanto, se você é dono ou gestor de uma pequena empresa, vender se torna uma necessidade. O modelo *O cliente é o herói* permite que você, em vez de forçar a venda de produtos, convide o cliente a fazer parte de uma história. É o modelo de vendas perfeito para quem não gosta de vender. E, o mais importante, ele funciona.

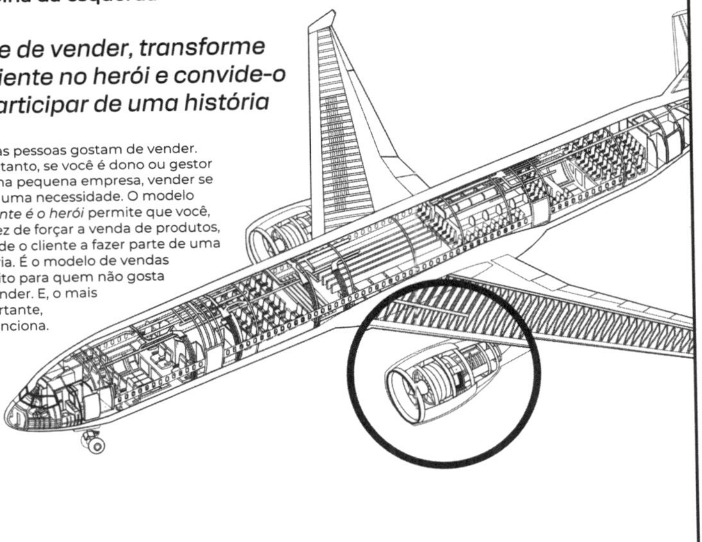

SmallBusinessFlightSchool.com

Roteiro de vendas *O cliente é o herói*

Business Made Simple

① Comece com um problema

② Apresente seu produto como a solução

③ Dê ao cliente um plano passo a passo

④ Mostre o que está em jogo (negativo)

Mostre o que está em jogo (positivo)

⑤ Convide o cliente à ação

Use esta fórmula para elaborar textos para:

- Pitch de vendas
- E-mails de prospecção
- Propostas
- Apresentações

SmallBusinessFlightSchool.com

04

Produtos

Asas

Otimize sua oferta de produtos para ter mais receita e lucro

A melhor forma de aumentar sua margem de lucro é vender mais dos produtos que geram mais lucro.
Poucos líderes empresariais sabem realmente de onde vem o lucro de sua empresa.
Ao otimizar sua oferta de produtos com foco na lucratividade, você saberá aproveitá-los melhor.

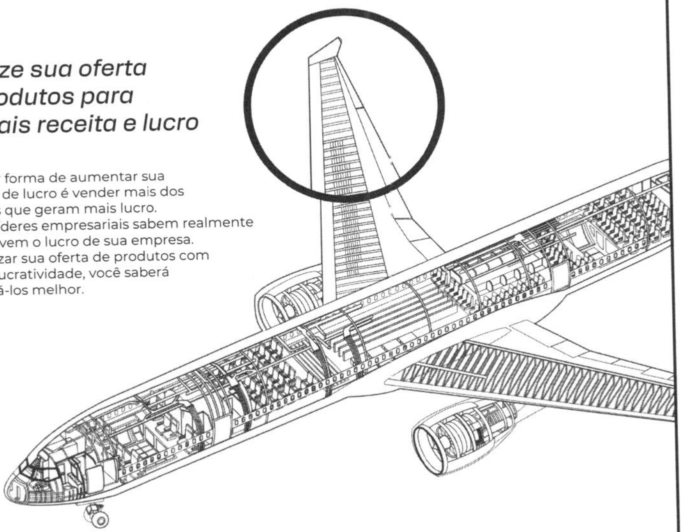

SmallBusinessFlightSchool.com

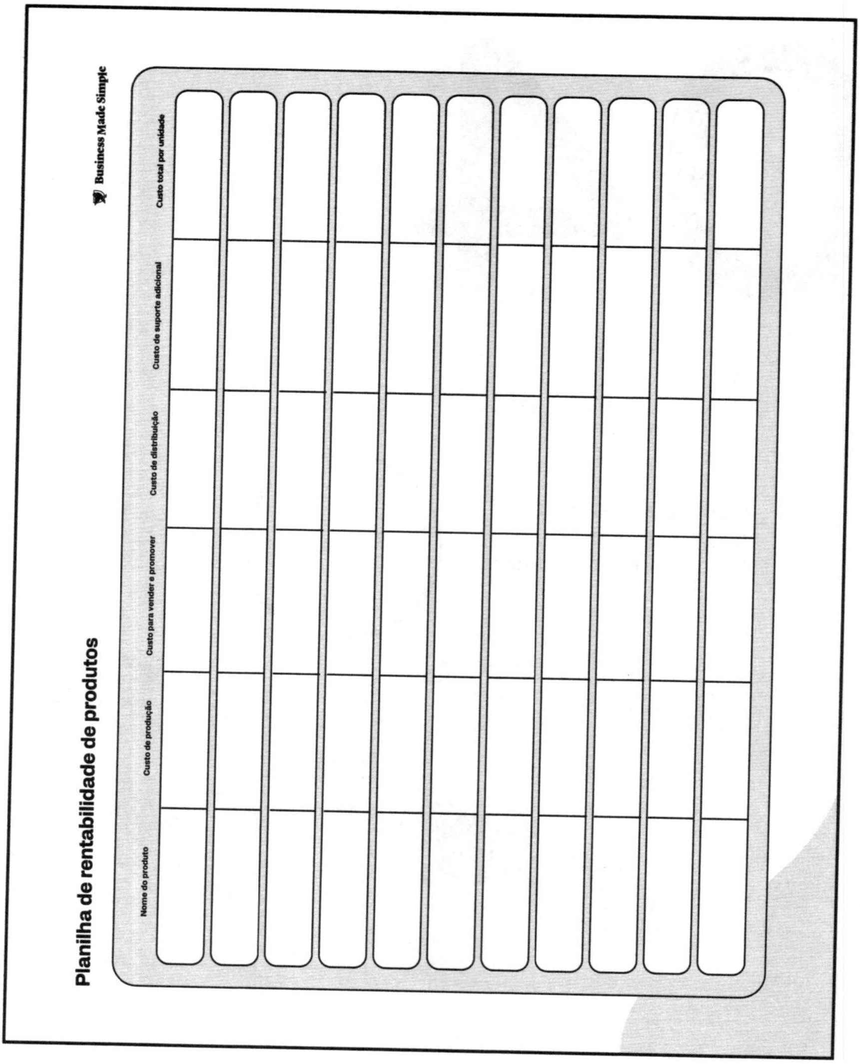

Business Made Simple

Planilha de rentabilidade de produtos

Nome do produto	Custo de produção	Custo para vender e promover	Custo de distribuição	Custo de suporte adicional	Custo total por unidade

SmallBusinessFlightSchool.com

Planilha de briefing do produto

Business Made Simple

Responsável pelo projeto:

NOME DO PRODUTO

1. Qual é o nome do produto?
2. Ele descreve bem o produto e comunica seu valor?
3. O nome é confuso ou irá gerar um problema no mercado?

DESCRIÇÃO DO PRODUTO

1. Que problema este produto resolve para o nosso cliente?
2. Como o produto resolve o problema do cliente?
3. Descreva os benefícios que o cliente terá se usar o produto:
4. Descreva os detalhes, componentes ou características deste produto e como eles ajudarão os clientes:

MENSAGEM CENTRAL

1. Para quem estamos vendendo este produto?
2. Temos acesso ao público-alvo deste produto? Se sim, como?
3. Como definiremos o problema do cliente em nossos materiais de marketing?

SmallBusinessFlightSchool.com

4. Qual é a nossa frase de efeito?

PESQUISA DE MARKETING DE ALTO NÍVEL

1. Existe uma demanda comprovada para este produto no mercado?

2. Enviamos uma pesquisa para os clientes garantindo que desejam este produto? Quais perguntas fizemos na pesquisa e quais foram as respostas?

3. Se oferecermos este produto, com quem competiremos?

    a. Estamos com preços acima ou abaixo da concorrência?

    b. Como estamos posicionados em relação à concorrência? (O que torna nosso produto melhor?)

FINANÇAS

1. Qual é o preço deste produto e como determinamos este preço?

2. Será lucrativo?

3. Quanto nos custará para produzir? Quanto nos custará para manter? (Precisamos contratar equipe de suporte, mais suporte técnico etc.?)

4. Quem será responsável pela receita relacionada a este produto?

SmallBusinessFlightSchool.com

PROJEÇÃO DE VENDAS (DE ACORDO COM A BASE DE CLIENTES ATUAL)

1. Quais são as metas de vendas para 30-60-90 dias?
2. Qual é a projeção de receita no primeiro ano relacionada a este produto?
3. Qual é a meta de unidades vendidas no primeiro ano?

VALIDAÇÃO DO PRODUTO

1. Este produto causará algum problema com os produtos existentes?
2. Este produto incomodará algum cliente atual ou futuro? Por quê?

DATAS IMPORTANTES

1. Quando este produto será lançado?
2. Quando a landing page deste produto será criada?
3. Quando o anúncio de pré-lançamento será feito para os clientes atuais?

PLANO DE VENDAS E MARKETING

1. Quando concluiremos os principais componentes de vendas e marketing deste produto?
   a. Frase de efeito:
   b. *Landing page:*
   c. Gerador de leads:
   d. E-mails de vendas:
   e. Material para redes sociais:

SmallBusinessFlightSchool.com

05

Operações

Fuselagem

Otimize seu fluxo de trabalho com o Guia fácil de gestão e produtividade

O maior custo para a maioria das empresas é a mão de obra. No entanto, a folha de pagamento não precisa ser vista como um fardo. Quando você alinha sua equipe em torno de três prioridades econômicas e faz com que todos trabalhem juntos para alcançá-las, sua força de trabalho se mantém enxuta e bastante produtiva. Se você tem enfrentado dificuldades para criar um fluxo de trabalho eficiente — aquele que impulsiona o crescimento do negócio em vez de sobrecarregá-lo —, o Guia fácil de gestão e produtividade pode ser a solução que você procura.

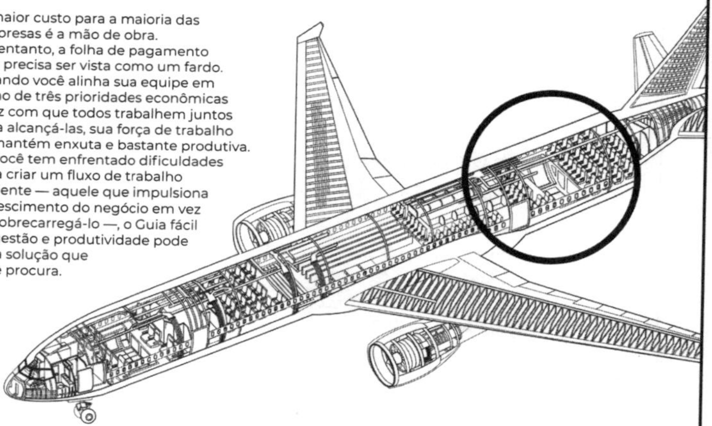

SmallBusinessFlightSchool.com

Reunião geral DATA: ______

PRIORIDADES ECONÔMICAS DA EMPRESA

① ② ③

ATUALIZAÇÕES DOS DEPARTAMENTOS

① DEPARTAMENTO DE ______

O que nosso departamento fez ou fará para alcançar as prioridades econômicas da empresa?

Como agregamos valor para os nossos clientes na semana passada?

Como estamos agregando valor aos nossos clientes esta semana?

② DEPARTAMENTO DE ______

O que nosso departamento fez ou fará para alcançar as prioridades econômicas da empresa?

Como agregamos valor para os nossos clientes na semana passada?

Como estamos agregando valor aos nossos clientes esta semana?

③ DEPARTAMENTO DE ______

O que nosso departamento fez ou fará para alcançar as prioridades econômicas da empresa?

Como agregamos valor para os nossos clientes na semana passada?

Como estamos agregando valor aos nossos clientes esta semana?

SmallBusinessFlightSchool.com

Reunião de liderança LÍDER DA REUNIÃO: ____________

1. DEPARTAMENTO DE ____________ (GESTOR) ____________

Quais grandes iniciativas estão acontecendo nesta semana?

____

____

Há algo impedindo essas iniciativas?

____

____

Quem é responsável por completar cada tarefa?

____

____

2. DEPARTAMENTO DE ____________ (GESTOR) ____________

Quais grandes iniciativas estão acontecendo nesta semana?

____

____

Há algo impedindo essas iniciativas?

____

____

Quem é responsável por completar cada tarefa?

____

____

3. DEPARTAMENTO DE ____________ (GESTOR) ____________

Quais grandes iniciativas estão acontecendo nesta semana?

____

____

Há algo impedindo essas iniciativas?

____

____

Quem é responsável por completar cada tarefa?

____

____

SmallBusinessFlightSchool.com

Reunião de departamento NOME: DATA:

! Minhas cinco prioridades	✓ Tarefas concluídas	→ Próximas tarefas	⊘ Fatores impeditivos

SmallBusinessFlightSchool.com

Revisão rápida de prioridades pessoais NOME: __________

PRIORIDADES ECONÔMICAS DA EMPRESA

POR: __________

①	②	③

PRINCIPAIS PRIORIDADES DO MEU DEPARTAMENTO

Com prazo definido - Mensuráveis – Específicas

1. __________
2. __________
3. __________
4. __________
5. __________

MINHAS PRIORIDADES PESSOAIS

Com prazo definido - Mensuráveis – Específicas

1. __________
2. __________
3. __________
4. __________
5. __________

MINHAS PRIORIDADES DE DESENVOLVIMENTO

1. __________
2. __________
3. __________

SmallBusinessFlightSchool.com

Avaliação de desempenho trimestral NOME:

PRIORIDADES PESSOAIS	SUPERADA	ALCANÇADA	NÃO ALCANÇADA
#1: Comentários:	☐	☐	☐
#2: Comentários:	☐	☐	☐
#3: Comentários:	☐	☐	☐
#4: Comentários:	☐	☐	☐
#5: Comentários:	☐	☐	☐

Veio preparado para a Revisão de prioridades pessoais?	☐	☐

PRÓXIMAS OPORTUNIDADES

SmallBusinessFlightSchool.com

06

Fluxo de Caixa

Os tanques de combustível

Gerencie o fluxo de caixa da sua pequena empresa usando estas cinco contas correntes

Todos nós já analisamos nossos demonstrativos de lucros e perdas, mas será que eles realmente ajudam na tomada de decisões? Esse demonstrativo o ajuda a entender quanto dinheiro você tem e quanto a empresa tem, quanto você reservou para impostos, quanto lucro a empresa está realmente gerando, e se você tem dinheiro suficiente em mãos para aplicar em uma grande oportunidade de investimento? Se a resposta for não, talvez seja hora de gerenciar seu negócio com cinco contas correntes. Assim, você terá clareza (e segurança) para avançar. As finanças de pequenas empresas não precisam ser complicadas.

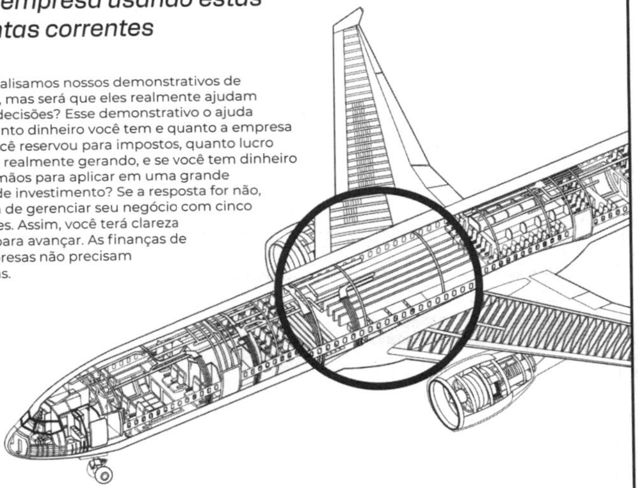

SmallBusinessFlightSchool.com

Guia fácil de fluxo de caixa para pequenas empresas

Sem dinheiro, um negócio não sobrevive. Embora muitos proprietários de pequenas empresas saibam como ganhar dinheiro, nem sempre sabem como gerenciá-lo de forma eficiente. Para garantir que sua empresa prospere, implemente o Guia fácil de fluxo de caixa. Quando fizer isso, você será capaz de:

- Nunca ficar sem dinheiro por acidente, pois saberá com antecedência se o lucro geral está diminuindo.
- Sempre ter dinheiro para pagar impostos, mesmo em caso de contas inesperadas.
- Sempre ter dinheiro para a folha de pagamento.
- Saber quanto dinheiro você realmente pode retirar do negócio.
- Ter recursos para reinvestir na empresa, garantindo o crescimento do negócio.

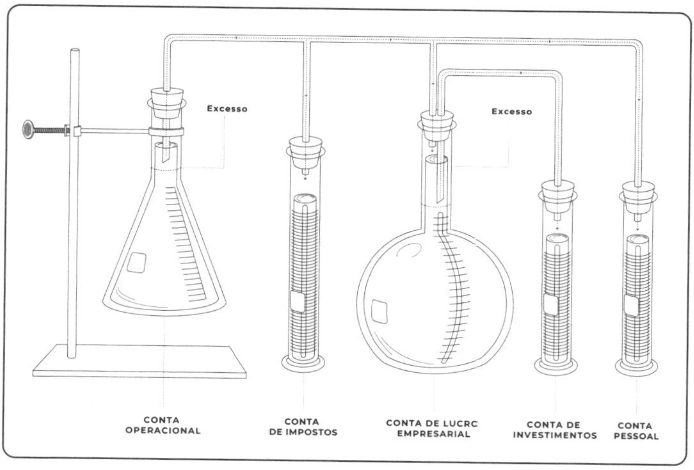

As instruções para o seu *Plano de voo para pequenas empresas* podem ser encontradas no livro *Como expandir o seu negócio* ou na plataforma online **BusinessMadeSimple.com.**

Conta operacional

Essa é a conta por onde todo o dinheiro entra e sai. Tudo será depositado nela e todas as contas, incluindo o salário do proprietário, serão pagas por meio dela.

Conta pessoal

Essa é a conta pessoal do proprietário. Nela, o proprietário recebe um salário fixo transferido da conta operacional uma ou duas vezes por mês. O proprietário não retira dinheiro da conta operacional para uso pessoal.

Conta de lucro empresarial

Quando a conta operacional excede um determinado valor pré-definido, você transfere o excesso para sua conta de investimentos. Sua conta de lucro empresarial eventualmente crescerá para cinco ou seis vezes o seu custo fixo mensal. Sua conta de lucro empresarial se torna o fundo de garantia da organização.

Conta de impostos

Sempre que você depositar dinheiro na conta de investimentos, deverá colocar a mesma quantia em sua conta de impostos. Basicamente, você estará dividindo o excesso de dinheiro (o lucro real) que sua empresa está gerando entre suas economias e a conta de impostos. Colocar 50% do seu lucro na conta de impostos garante que você sempre terá dinheiro para pagar impostos. Na verdade, como você está depositando 50% e as alíquotas de impostos são mais baixas, você estará economizando o dinheiro excedente para impostos e poderá obter um retorno no final do ano.

Conta de investimentos

Sua conta de lucro empresarial também tem um limite pré-definido que é cinco ou seis vezes o seu custo fixo mensal. Quando o saldo da conta de lucro empresarial exceder esse limite, transfira o excesso para sua conta de investimentos. Esse, então, é o dinheiro que é seu para fazer o que quiser. Recomendamos investi-lo para gerar ainda mais renda e diversificar sua receita. Por exemplo, você pode usar esse dinheiro para financiar seu plano de aposentadoria, comprar imóveis ou investir no mercado de ações.

SmallBusinessFlightSchool.com

— AGRADECIMENTOS —

Agradeço de coração a Bill Haslam pelo encorajamento, gentileza e por me mostrar a importância de profissionalizar minha operação. Também sou grato a Doug Keim por me ajudar a transformar essa visão em realidade. Quero estender minha gratidão à minha equipe, que contribui para o nosso sucesso todos os dias: Kyle Willis, Kyle Reid, Dr. JJ Peterson, Matt Harris, Tyler Ginn, Jake Ousley, Marlee Joseph, Andy Harrison, Karri Ellen Johnson, Aaron Alfrey, Bobby Richards, Lindsay Frail, Sam Buchholz, Steven Parker, Kari Kurz, Amy Smith, Macy Robison, Hilary Smith, Kelley Kirker, Prentice Sims, Tyler Bridges, Rosie Hunt, Hannah Hitchcox, Suzanne Kelly, James Sweeting, Collin Smith, Zach Grusznski, Josh Landrum, Patrick Copeland, Suzanne Norman, Aundrea De Leon, Tim Schurrer e Sydney Weidlich. Um agradecimento especial à Emily Pastina, que gerencia todos os nossos projetos e me orienta diariamente sobre o que precisa da minha atenção. Graças a ela, consigo me dedicar à criatividade, e por isso, sou grato.

Agradeço aos coaches e guias com certificação *Business Made Simple* e *StoryBrand* que se juntam a nós para ajudar proprietários de pequenas empresas a crescer. Obrigado também aos facilitadores que estão o tempo todo na estrada, apresentando workshops sobre nossas estruturas de vendas e marketing.

Um agradecimento especial a Carey Murdock, que me ajudou a manter a organização ao longo do ano em que escrevi este livro.

Sou também grato pelas amizades duradouras e parcerias de negócios que construí com meu agente literário e minha editora. Wes Yoder é, sem dúvida, o melhor agente literário do mundo. Desde o primeiro dia, ele me ajudou a imaginar e moldar este livro. Sara Kendrick não é apenas uma ótima editora, mas também uma pessoa divertida que, de alguma forma, consegue fazer críticas construtivas enquanto me faz rir. Jamie Lockard, que mantém o navio sempre estável, e com quem nós, autores, sabemos que podemos contar em qualquer situação. Belinda Bass, que, já há 20 anos, cria capas lindas para meus livros. E gostaria de agradecer a Linda Alila pelo apoio editorial e Andrew McFadyen-Ketchum pela revisão de texto.

Obrigado a minha querida esposa, que, manhã após manhã, me dá um beijo e me incentiva a ir trabalhar para fazer algo que ela também acredita ser importante, pois ela se importa comigo, que sou proprietário de uma pequena empresa. Fizemos tantos amigos nessa jornada e ela deseja ver todos vencerem na vida. Eu amo você, Betsy.

Por fim, obrigado a você, por acreditar em si mesmo, em seu produto, time e clientes. Continuarei enquanto você continuar. Sei que é difícil, mas acredito em você.

— SOBRE O AUTOR —

Donald Miller é o CEO da Business Made Simple e da StoryBrand. É o autor de *Building a StoryBrand* e *Business Made Simple*, além de coautor de *Marketing Made Simple*. Ele também é o apresentador do podcast Business Made Simple e pode ser seguido no Instagram pelo perfil @DonaldMiller. Donald mora em Nashville, Tennessee, com sua esposa, Betsy, e sua filha, Emmeline.

Para aceitar o desafio de se juntar a milhares de outros proprietários de pequenas empresas na missão de profissionalizar suas operações e dobrar sua receita, visite o site SmallBusinessFlightSchool.com.

Esta obra foi composta em *Adobe Aldine*
e impressa por Gráfica Expressão e Arte sobre papel
Offset 75g/m² para Editora Hábito.